下級國民A

赤松利市 AKAMATSU RIICHI

譯者 韓宛庭

推薦序

願此間再無下級國民

姜泰宇（敷米漿）／洗車工作家

「不是放棄也不是自暴自棄。當人類面對大環境發生的緩慢變化，不自覺就會順應時勢。」

至少停頓了超過二十四個小時，我才能從書裡的這段話抽離，繼續。看來稀鬆平常的一段話，卻是要我這樣的人，一次又一次細細品味，反覆回想自己究竟是怎麼變成這樣的自己。我們有成為自己想要的模樣嗎？其實你現在的模樣，都是這個社會這個環境給你的。

看著這本書，心裡總有滿滿的無奈既視感，事實上我也是慢慢地從原本的身分，不由自主讓自己活成了下級國民，一樣面對刁難，只能在角落裡苟延殘喘。尋找突破的方式不是如何改變，而是如何在這樣的狀態下繼續生存。

也因此我特別喜歡貫穿全文、出現不只一次的橋段——一個人窩在無障礙廁所啃著咖哩麵包，喝著罐裝熱咖啡。

面對生活的艱難我們幾乎毫無溝通就做著同樣的一件事：躲著，渴求一點溫飽，然後等待重新的一天上工的時間。細細回想你我的生活，何嘗不是一樣，只是咖哩麵包或者變成了早餐店的蛋餅，罐裝熱咖啡變成冰奶茶。偶然一次的速食店早餐就是值得慶賀的一天，工作不愉快了躲著罵兩句，但什麼也沒辦法真正改變。

而身為勞動階級的我更是。

面對無理取鬧的客人只能鞠躬哈腰，同事有什麼不滿了還得耐心勸導，深怕一個不注意，又不幹了，隔天又不來了。我在跟這個世界的無奈搶一口飯吃，而有一天我靜下來問自己，若我不做著眼前這個洗車工作，每天汗水洗車污水夾雜，我還能做些什麼？很遺憾的，我想不到。曾經跟妻子說，在疫情之下，若洗車這個工作真的沒辦法，我恐怕會去考取職業貨車駕照，畢竟薪水或者勉強可以養家，但被妻子認為我在胡扯。

我沒有說的是，在這個社會，其實我也找不到更多我能做到的事。

如本書的主角一樣，因為要付女兒的生活費用，自己縮緊用度，在日本那樣高張力的「格差」社會（事實上台灣、南韓相距不遠）不得不做著自己完全不擅長、且辛苦至極的勞力工作。沒有甘之如飴，而是只剩下這一條路了。我打從心裡明白，社會看似給予我們無限多的機會在眼前，事實上跨入這些機會之前，我們連混口飯吃的餘裕都沒有。那些心靈雞湯般的文字，落入我們這樣的工人眼中，不過就是一些在門口看了兩眼，就覺得自己有能力對我們指指點點的傢伙罷了。

不要怪我們如此迂腐不受教，實在是，這個社會上我們是這樣生存的啊。窮的時候買更便宜的菸，中午買麵包果腹，遇到嫌惡的眼光自己要懂得調適，看著自己又因為工作而流血的雙手，只能默默在衣服上擦一把，然後繼續做啊，繼續做啊，不做能怎麼辦呢？

《下級國民A：日本很美好？我在三一一災區復興最前線，成了遊走工地討生活的人》這本書不僅僅把日本三一一地震後東北的一些狀況以及日本當下現況做了另外一個層次的描述——透過親身遊走工地，更重要的，在當今亞洲的社會中，如此狀況是極端隱蔽的。誰能如此真正臥底在那個環境描述出這一切呢？誰又願意自己成了那書裡的人物？不願意，哪怕只要一週實習，多數人都撐不過去。

身為工人的我，在這本書裡頭找到了共感。

「像你們這些下賤的工人要是叫那位小姐看見了，只會髒了人家的眼睛。」

最有趣的部分就在這一段。你相信嗎？所有人都在心裡告訴自己，我們不可以歧視那些工人，那些身體髒髒臭臭的人。而他們也這麼相信著。卻忘了自己在便利商店排隊結帳時，前面那個大哥衣服很髒，夏天又臭到不行的汗酸味，他們或者會換個結帳通道排隊，或者更退後幾步，甚至在心裡慶幸現在因為疫情需要戴口罩。

不相信嗎？書裡那位小姐，似乎是日本當紅女藝人，本來要去輻射災區參觀訪問，但私底下的廠商代表卻是如此交代。因為啊，一切美好的背後，那些髒污的、惡臭的不是不存在，而是被我們忽略，或者催眠了而已。

願如此美好的時代，我們能歌頌所有下級國民。

目次

石巻市／土木工程

清晨四點剛過。

這天，我一如以往坐在渡波車站站前圓環的無障礙廁所馬桶上，吃著咖哩麵包。

咖哩麵包熱呼呼的。

自從住在東北，我才曉得超商店員會撕開咖哩麵包的包裝袋一角，放進微波爐替客人加熱。原來如此，真不愧是北國人的生活智慧。此時此刻，我豈止佩服，甚至心存感激。

多功能的無障礙廁所沒有暖氣。石卷市的嚴冬簡直寒風刺骨。

幸好，躲在高氣密性的廁所隔間裡，身穿工程專用防寒安全服，再吃下一個熱騰騰的咖哩麵包，不但身子暖了，體溫也使隔間內的氣溫微微升高。和同樣沒有暖氣、冷空氣從四面八方灌入的宿舍相比，這裡至少好過一些。

喝一口熱騰騰的罐裝咖啡，和著最後一小塊咖哩麵包吞下肚，甜膩的滋味讓我放鬆地喘了口氣，確認目前的時間。

「還要等一個半小時啊。」

首班電車上午六點十六分進站，渡波車站會提前十五分鐘開門。車站樓房裡就有暖氣了。

我從側邊口袋掏出文庫本，隨意翻開一頁。這本書我已讀得滾瓜爛熟，從哪裡開始讀都不成問題。

接著，我會搭著首班電車，在隔兩站的石卷車站下車，再跳上接送的公務車，前往工地集合。我的工作是用高壓水槍清洗砂石車的輪胎，這天依舊濺得滿身是泥。那段日子，我每天都是這麼熬過來的。

記得那是東日本三一一大地震發生不到半年的時候。

夏日的某個傍晚，突然有人找我去吃飯。

對方是兵庫縣小野市一家小型土木公司的老闆，他誠懇地表示有事找我商量。

小野市是極小的市鎮，位於兵庫縣的山區地帶。他帶我去的不是氣派的高級餐館，而是平凡無奇的居酒屋。

當時，我在小野市的高爾夫球場擔任管理顧問，工作結束後他主動來找我。

這位老闆是高爾夫球場的配合廠商，兼作辦公室的自宅就在球場附近，在此之前，我曾委託他處理過幾次簡單的球場整修和伐木業務。

老闆低姿態地懇求我，能否帶他那年近四十的兒子去東北災區。

詢問後才得知，小老闆自畢業旅行後就不曾搭過新幹線，老闆實在不放心讓他自行前去那麼遙遠的地方。

去東北的目的是找賺頭。

我事後才聽說，老闆的公司已將近八個月沒有生意上門，由於他們父子兩人曾參與過阪神大地震的復興工程，身為專務董事的小老闆這次也想如法炮製，去重災區看看有沒有什麼好賺的工作。

「瘋狂失序的復興泡沫經濟」

這是當時男性週刊雜誌的熱門關鍵字。

我過去在東北的仙台混得挺熟。仙台市隔壁的利府町要蓋高爾夫球場時，就是由我擔任管理顧問。

這位老闆找我商量的時候，說巧不巧，我的收入來源只剩下一年一簽的小野市高爾夫球場。

更早之前，我開過一家高爾夫球場的球場管理公司，曾有一百二十五名正職員工，年收超過二千四百萬日圓，後來公司倒閉，我唯一的收入來源只剩下小野市高爾夫球場的顧問管理費。這家高爾夫球場由大型都市銀行出資經營，經理也是銀行那邊派來的人。

「明年恐怕很難跟你續約了。」

明年即將退休的經理這麼告訴我。

當我做好明年將要完全失業的心理準備，土木公司老闆剛好找上門來。

若能順利接洽業務，他希望我以小老闆監護人的身分留在仙台，還替我準備了業務部長的頭銜，答應每月先支付我四十萬日圓[1]，等事業上了軌道、賺了大錢，還會爽快和我五五分帳。

其實當晚我們並未談及這麼多細節。隨後我就與擔任專務董事的小老闆結伴去仙台，四處探查災區，每天忙碌奔走之後，我便主動要求這些應得待遇。當然，會答應這次合作，和我憂心明年起收入沒了可能會斷炊脫不了關係，總之事情就這樣敲定了。

取得共識後，在地震即將滿半年的夏末，我和專務董事義無反顧地前往仙

1 根據日本厚生勞動省統計，日本大學畢業新鮮人平均起薪為二十四萬日圓左右（約新台幣六萬元），只能滿足最基本的日常開銷，二〇二〇年人均月薪約為三十二萬日圓（約新台幣八萬元）。考量到年資、工作性質等，四十萬日圓（約新台幣十萬元）並不算特別高。

台災區。我們原以為三兩下就能包下工程，結果如意算盤卻打錯了。

此次震災的復興工程，導入了號稱「成本公開制」的新制度，成為我們最大的阻礙。

聽說地震發生後，福島第一核能發電廠的災害處理出現漏洞，幫派分子看準了多達六、七層的工程分包，趁隙而入。為了防堵類似情形再度發生，才會增加新規定：投標人在投標之前，必須仔細審查承包公司有無黑道勢力介入，進行反恐掃黑安檢，多了「除投標資料列舉的承包公司，其他一律不得採用」的強制規定。

專務董事告訴我，當初阪神大地震也有黑道勢力介入重建工程，因而引發問題。

他推測，政府恐怕學到教訓，這次才會特別導入「成本公開制」。

專務董事也回想起當時的種種：

「那時大家很愛互搶生意，停在工地的重型機具、大半夜遭人破壞這類的騷動，時有所聞。準備載著瓦礫前往指定棄置空地的砂石車大排長龍，那畫面簡直可用『壯觀』來形容。當時光是插個隊就會發生危及性命的鬥毆，幹架流血根本只是家常便飯。」

回到原本的話題，我們的小組不幸被「成本公開制」擋了下來，儘管與幫派勢力毫無關係，但就因為是投標資料上沒有記載的公司，導致提前來到災區的我和專務董事兩人，有將近三個月的時間，接不到半個像樣的工作，連該去哪裡拉生意都毫無頭緒，每天只能虛擲度日。

要說因禍得福似乎也不大對，但那個時候，我們每天沿著三陸海岸線開車找活幹，不只摸透了宮城縣，就連鄰近的岩手縣也熟門熟路。

當時走訪的市鎮加起來，應該有二十個之多吧。

造訪新地點之前，我會先上網仔細確認該市鎮的復興案，此外也頻繁關注投標資訊。

由於這部分和正題無關，我就直接跳過，從我們終於談成生意，從關西召集了七名土木工人的地方開始說起吧。

「等那些傢伙來了，部長，您也要加入工人陣營喔。」

年輕的專務董事與我朝夕相處，見彼此熟了，開始強人所難。我的職位早就說好是業務部長，打從一開始就不打算下場做工。

「簡單來說，分包主要有兩種承包方式。一種是承包整個工程的分包，另一種是以人頭計價的分包。依公司現在的狀況，我們當然吃不下整個工程。這麼一來，我們就得靠人頭數來提高營業額。所以部長您也要算進人頭裡喔。」

「薪水呢？」

「維持現在的四十萬日圓就行了吧？我也是四十萬。實在沒辦法再幫你加上工地津貼。」

專務董事接著強調，就連從關西叫來的工人當中最可靠的 R，都是按日計酬，並且每月結算支付薪資，單日工資約一萬二千圓，即便在惡劣的天候下連續做工二十五天，月收入頂多也只有三十萬日圓。其實我對這些沒興趣，只要確定薪水維持四十萬日圓，我就放心了。

這四十萬我自己只留五萬，其餘全數匯給我那個住在奈良的高中生女兒的媽媽。我和女兒她媽在她小學低年級時離了婚。這些私事過去就算了，但我要是被減薪，她們母女可是會挨餓的。

我自己一個人很好解決，中午吃公司訂的便當，晚上吃宿舍供餐，只需要打點好早餐就不怕餓肚子。總之，這就是我當時的考量。

來聊聊從關西召集來的土木工人吧。我對他們的第一印象是：每個人都擁有獨特鮮明的個性。我當時以為是個性使他們散發光芒。

這些人的個性不只表現在工作態度，還顯現在興趣、飲食、時尚、對車子的品味……說得誇大點，他們對於自己的生存方式各有獨到的堅持。像是有人著迷於歷史研究，有人則不吝於展現自己的宗教造詣、深諳不同宗派的佛經念誦方式。

然而，兩、三個月相處下來，越認識這些人，越容易看破他們的手腳。漸漸地，我開始受不了他們所謂的堅持。

那些知識實在太淺薄了。

他們所堅信的事物，根本不是透過閱讀或自身經驗累積而成，只是隨便從電視上的娛樂談話節目、網路文章和崇尚腥羶色的男性刊物學來的半瓶子水。

可想而知，他們侃侃而談的種種堅持，內容千篇一律，吹牛的人雖然該負最大責任，但其他人也總是一副聽得津津有味的樣子，頻頻出聲附和，老實說，「一方不停老調重彈，另一方彷彿永遠聽不膩似地點頭如搗蒜」這樣的畫面，我實在是受不了了。

這無關聰明才智。

而是這種行為本身太過幼稚。

恕我直言，我甚至懷疑他們的智力發展在幼兒階段就已經停止了。

當初覺得這群人很有個性的印象也為之一轉。

一旦從「幼兒心態」這個角度觀察他們，「個性」旋即蕩然無存，每一個人都相似到不可思議。我這才發現，原來最初從他們身上感受到的光芒，說穿了就跟無知小兒與生俱來的天真沒有兩樣。

辛苦（kitsui）、骯髒（kitanai）、危險（kiken），世人給工人貼上3K[2]的標籤，造成他們在內心深處對世人懷抱著根深柢固的自卑感；隨之而來的反彈是，他們變得敏感多疑。由於下雨就不能做工、此次工程結束後也難保還有下一個飯碗，再加上是以實際工作日數計算的月薪制，他們的收入極不穩定，因

2 日文中的「辛苦」（きつい）的發音為kitsui，「骯髒」（汚い）是kitanai，「危險」（危険）則為kiken，這三個字的發音皆以K為開頭，所以泛稱「3K」。

此養成吝嗇的陋習。我認為是生活上的困頓，導致他們常態性的焦慮。出於幼兒心態的自衛本能，也是造成他們情緒沸點低到誇張的原因之一，我常看見他們因為一些芝麻小事爭得面紅耳赤、狂飆髒話。

他們的對話中，處處摻雜了教人不知該如何回應是好的冷笑話。

「我有東西想買，可以順道去永旺商店一趟嗎？」

收工後的回程路上，男人握著方向盤問。

「去啊去啊，現在不去會『永遠忘記』嘛。」

坐在副駕的老男人回答。

「永旺」和「永忘」對他們來說似乎是一種特別好笑的哏，同車的其他人無不笑成一團，只有我當場愣住，笑不出來。

結果，他們把我當成高傲無趣的傢伙。正因如此，我在團隊裡總是格格不入。

這些人尤其喜歡在暗地裡說別人壞話。

無論是工程發包業者派來的那些態度卑微、拚命鞠躬哈腰，工作服底下不忘穿襯衫打領帶的年輕負責員工、抑或是統包商派來的監工、甚至是同一小組的工作夥伴，只要誰不在場，他們就會肆無忌憚地說那人的壞話。

話說回來，雖然我把他們批評得一文不值，但其實也不能全怪他們。

應該要怪這個社會不好。

這些人無一例外，全都經歷過貧困的童年時期，因為無法接受完善的教育，即使長大成人、出了社會，打從一開始就已經輸人一大截，這樣的落差讓他們不敢指望力爭上游，會變成現在這樣也是情有可原。

就連雇用我的專務董事本人，拜訪客戶的時候竟然連領帶都不會打，只能趕緊去買襯衫和領帶，再由我教他如何穿戴整齊，替他繫好領帶。由此可見他們這一群人的水準。

在那之後，我本身也以日薪制計時人員的方式四處打工賺錢，不論身處何種職場，在基層工作的人，本質上都是一樣的。

唯一不同在於，工人是靠出賣勞力賺錢。

當然，他們的手臂孔武有力，但這樣的力氣有時也會淪為暴力。雖然他們很少真的動用暴力，卻經常揪住別人的衣領揮舞拳頭、作勢威嚇對方。

其中又以從關西來的R——專務董事力讚「牢靠」的三十多歲工人——力氣特別大，渾身都是肌肉。

R身高一百八十公分，長得還行，操作重型機具的技術堪稱一流；但更值得一提的是，他練過拳擊，就連我也曾被逼著陪練。

他也曾洋洋得意地炫耀自己高中畢業典禮時，學校三年級的班導師因為怕被他們這些學生報復，索性全數缺席。取而代之的是有數名制服警察出現在畢業典禮上嚴加戒備，以免學生突然暴動。

我曾親眼見識過R的怪力，那是在某個工地組裝預鑄水溝的時候。

為了讓沒有土木相關經驗的讀者更好理解，簡單來說，預鑄水溝就是路邊常見的水泥排水溝。您若親眼見過實物就能明白，那不是施工時才做的，而是將預先訂製的水泥組件運送至工地安裝。

這叫「預鑄混凝土」（Precast）工法，我們簡稱「預鑄工法」。

大型組件可重達兩公噸，當天送來組裝的是八十公斤左右的小型預鑄組件。

哪怕只是小型的，也有八十公斤重，因此通常會使用特定提把機具，由兩位工人一起搬運組裝。然而，R 僅憑一人之力，而且沒使用任何機具，戴著塑膠防滑手套就徒手組好了。

R 會故意對我說：「別光站在那邊看，你也來幫忙。」同時作勢要把組件交給我，真是夠了！

我只能盡量離他遠一點，專心做組裝後的細部調整，但因為幾乎都是蹲著工作，有時難免想起身伸展一下腰背。R 就是故意瞄準這個空檔，假裝要把組件拿給我。

當然，R只是做做樣子，不曾真的把組件交給我。他擔心的不是我會折斷腰，而是組件掉落碎裂就慘了，這點智慧他還是有的。

而儘管我知道他只是想嚇唬我，依舊忍不住驚慌。

「怎麼可能真的丟給大叔啦！」

R說完尖聲大笑，聽起來很低俗，但我必須任由他取笑，否則之後更可怕。

「這很難笑。」如果我對他的捉弄表現出毫不理睬的不屑態度，說不定下次他就真的會把組件丟過來。

我必須演出狼狽的樣子，不僅是R，就連其他工人也要取悅。但也正因為工作和職場環境如此惡劣，他們只剩這點無聊的事能當作消遣。

不過在同樣的情況下，如果東西換成了不會損壞的成捆木材或小型沙包，可就不能一笑置之了。R真的會朝我扔過來。即使我的手被木材的邊角刮到流血，他也完全不在乎。

接著來聊聊K吧。

K是稍晚加入的人手，我們很早便聽說以怪力自豪的R都要尊他為師父。K年紀五十三歲，只比當時的我小兩歲，但他非但不具備與年齡相符的成熟態度，還是個卑劣的討厭鬼。說到他的吝嗇程度，更是無人能及，那已經不是小氣，而是無恥了。

在聊K這個人之前，我想先描述一下我們在災區的居住環境。在地震發生的同年十二月，我們終於接到工程案，準備從關西招兵買馬。當時面臨的第一個難關，就是工人宿舍的問題。

我們的第一個工程案是女川町淨水場的修復工事。女川町在三一一大地震時遭受海嘯嚴重破壞，小鎮滿目瘡痍，別說興建工寮，甚至連蓋臨時組合屋給災民住的的空間都不夠，有部分土地還是跟隔壁的石卷市借來的。因此，我們早早便放棄了在當地找住處。

無可奈何之餘，我們只能往石卷市找，但當地也面臨住宅嚴重不足的問題，房仲業者直截了當地告訴我們：「前面有一萬人在排隊。」

我們改往南找，尋遍東松島市、鹽竈市、利府市、七濱町一帶，依舊一無所獲。接著繼續南行，終於在距離女川工地約五十公里遠的多賀城市找到房屋物件。

那裡本來是短期出租公寓，營運公司在大海嘯後撤離，屋主重新裝潢，美其名為公寓，其實是將兩層樓建築物改裝成兩棟三十六戶、格局一房一廚的宿舍。

我們以月租方式租下十個房間，並將其中一間當餐廳使用。

這間餐廳說來還真不容易，起初我以為專務董事會訂便當或外燴服務，怎知他提議由我晚上幫忙煮員工餐。

由於我從求學時代便有自炊的習慣，沒有多想便一口答應。殊不知竟是一場災難。

由於人數說多不多、說少不少，時值冬天，我考慮以燉煮料理為主，而難就難在眾人刁鑽的胃。

地位最高的專務董事什麼蔥都不吃，所謂的蔥也包括洋蔥。因為這樣，我不能煮咖哩，也不能煮奶油燉菜。還有人不沾柚子醋醬，有人不吃豬肉，有人討厭白菜……回想起來就令人生厭。

如果是幼稚園小朋友挑食，那我還可以理解，但他們全是老大不小的青中年男子，喜歡吃的東西卻清一色都是炸雞和燒肉。

我忍不住思索起這些人的成長背景。

並因為他們毫無教養而啞然無聲。

沒教養這件事也表現在洗碗上。

專務董事提議，吃完的碗盤由大家排班輪流洗。但看到他們粗魯隨便的洗碗方式，我的下巴都快掉下來。

宿舍的廚房很小，他們卻把水龍頭轉到最大，倒入一大堆洗碗精，完全不在意水噴得到處都是。

拜此所賜，我事後還得花時間擦乾廚房。

他們清洗不沾鍋材質的平底鍋和湯鍋時也不知道該小心，直接拿起鋼刷就猛刷，碗盤經常洗不乾淨，或是殘留滑溜溜的洗碗精。

一番推敲後，我發現這群人裡面只有肌肉男 R 會洗碗，聽說是以前住在黑道幫派老巢學習江湖道義時學會的。無可奈何之下，我努力忍了幾天，但情況依舊不見改善，最後只好自告奮勇，提議從今以後由我負責洗碗。

當時還發生了這麼一件事。

震災發生將滿一年的二月天，那天從傍晚開始下雪。

專務董事難得好興致，說要煎什錦燒[3]給我們吃，由我負責採買食材及備料。

當一切就緒要開始煎的時候，專務董事突然開始抱怨我在買菜時一起買的什錦燒醬，他嫌棄我買的醬料做不出他堅持的味道。我這才知道，專務董事的獨門什錦燒，一定要加伍斯特醬[4]不可。

現在狀況也許已經改變了，但在當時，別說東北地區了，就連整個關東都

3 源自日本的一種鐵板燒小吃，又稱御好燒。製作方法是將水加入小麥粉攪拌成粉漿，再加上蔬菜、肉類、魚類和貝類等材料，在鐵板上煎成餅狀，最後加上調味料。

4 原文為Worcestershire sauce，是一種源自英國的調味料，濃稠、色澤黑褐，帶有酸鹹甜辣口感。

難以買到伍斯特醬。我向他們說明難處時，關西來的那些工人卻異口同聲罵我是騙子。

「少胡扯，怎麼可能沒有伍斯特醬？分明是你自己忘了買，少拿這種怪理由當藉口。」

如此這般，對我的說詞嗤之以鼻。

這些人不僅不懂位階尊卑，就連長幼有序的觀念都相當欠缺。

因此，我不得不趕去多賀城的永旺商店補買，那天下著大雪，屋外積雪已深達三十公分。

這些工人把晚餐時間延遲當作理由，住進來不到一個月便打破當初說好餐廳禁酒的規定，大刺刺地喝起罐裝燒酒和氣泡酒。而我只能無可奈何地徒步前往永旺商店。

我有氣無力地走在雪地裡，到了店裡就在醬料櫃前拿出手機，把架上的商品從左到右、無一疏漏地拍下來。而在我花了一個小時以上往返，滿身是雪地回到宿舍餐廳時，所有人早已飽餐一頓了。

「只能怪你自己動作太慢。」

我並沒有抱怨，卻得忍受這種話。為了讓眾人理解店家真的沒賣伍斯特醬，我急忙亮出手機相簿，卻沒人想看。

「要是有賣，想也知道你一定不會拍嘛。」

結果只換來這一句話。

我備好的什錦燒材料，全都用光了。

「我做的什錦燒太好吃了，簡直是藝術！大夥兒搶著吃光光了。」

專務董事滿不在乎地作結，只留下飢腸轆轆的我，獨自清洗狼藉的杯盤與煎台。

在多賀城市煮員工餐的卑微日子，整整持續了半年以上。

女川町的工程結束後，我們整批人馬遷至石卷市，這次住進了更遠的仙台市太白區公寓。

這是專務董事從仙台市國分大街上的女孩酒吧（Girls Bar）得來的租屋情報。在那兒上班的女孩說，地震震壞了她母親經營多年的學生宿舍熱水器，學生全搬了出去，現在宿舍成了無人公寓，共有十七間空房，想以月租十五萬日圓全數出租，但熱水器要自費修理。專務董事接受了這個條件。

接受的理由是：房間增加就能增加人手。但事實應該是那女孩長得挺可愛的吧，不過我沒把心中的臆測說破。

這棟公寓的每間房間不到一．五坪大，附設木板床，就算有空房也不適合拿來當作餐廳，我總算是從煮員工餐的折磨解脫了。

由於房間數量增加，我們多找了一名工人。這位不是關西來的，他叫做M，聽說是R在關西的工地結識的朋友，年紀輕輕，來自福岡。我對這小夥子的印象是性格開朗卻不愛出風頭，令人頗有好感。

搬到前身是學生宿舍的太白區公寓後，便當店和超商成了我們各自買飯的據點。只要當天有上工，專務董事就會補貼一天五百日圓的晚餐費。

宿舍位於可俯瞰仙台市區的高地住宅區，附近雖有其他家庭餐廳或中式餐館，但是以勞動天數計算的伙食費可吃不起外食，因此便當店一直是我的好夥伴。

三一一大地震隔年夏天，老闆從關西來到東北與我們會合。這個時期，我們接到了道路鋪設的基礎工程，但這些活兒做起來可不是普通辛苦。

比如開著十噸的砂石車，把鋪路用的瀝青混凝土從工廠運到工地。

從工廠出發、抵達工地時，瀝青混凝土會下降個攝氏十度左右；即使如此，溫度仍然高達一百五十到一百六十度。由於瀝青混凝土必須在冷卻之前鋪好，砂石車一到，現場馬上猶如戰場般忙碌。吼叫聲四起，一個晃神就會被撞飛。

瀝青混凝土發出熱油的蒸氣，溫度極高。

統包（general contractor）的業主發了鹽錠給我們，據說可以補充流失的鹽分，是預防中暑用的。

我未加思索，胡圇吞棗就把藥錠吞下肚，大概是因為這樣，竟然在工作時引發劇烈眩暈，不省人事。

統包商派來的工地監工緊急開車送我到醫院，診斷結果為小洞性梗塞（lacunar infarction，又稱「小動脈血管阻塞」、「小洞中風」），聽說是一種腦部微小動脈發生閉塞的小中風。我當時的血壓超過兩百。

隔天，工地監工對我下了出勤禁令，我不得已只好搭仙石線和公車返回宿舍，想趁安靜的時候好好睡個覺。

磅——！

睡到一半時，我被突如其來的震天價響吵醒。

「R哥，這麼做沒意思吧。」

門外傳來M小弟的聲音。

「這傢伙竟敢裝病蹺班，等他出來，我還不把他吊起來打！」

R在門外咬牙切齒地說。

我並非擅自曠職，也不是自願放假的。

醫師判斷我今天不適合上工，監工應該也跟專務董事說過了。即使如此，回到太白區的宿舍後，我還是打電話向專務董事親自報備了。

磅——！

噪音再度響起。

應該是肌肉男 R 在用力踹門。

「搞啥，大叔不在啊。」

我拿棉被蓋住頭，壓低聲息。

「明天 K 桑就要到了，到時我再和他一起教訓這大叔。」

R 撂下狠話，腳步聲緩緩遠去。

我聽專務董事談過 K 的事蹟。

他是 R 的師父，據說是個萬能師傅。耳聞他工地經驗豐富，什麼大風大浪都見過。我的月薪四十萬日圓，當初是聽說和專務董事一樣才答應的，但 K 的薪水竟是破天荒的五十萬日圓，和老闆一樣高。

由此可見，K的能力應該真的很好。只是，既然他這麼厲害，甚至爭取到與老闆相同的薪資，那又為何會四處流浪呢？

R踹門時撂下的話語，讓我越發忐忑。

想到一出門會被R抓去教訓，我就鬱悶萬分，當天晚上完全不敢外出買便當。可能是因為傍晚前睡過覺而不覺得睏，加上肚子一餓更是睡不著，我只能喝水充飢忍耐。

磅——！

隔天早晨，震動整個房間的巨響再次使我驚醒。

「大哥，你是打算把門踢破嗎？」

又是M小弟的聲音。

咚！咚！咚！咚！咚！咚！咚！咚！

有人偏執地猛敲我的房門。

與其說是敲門，不如說是揍門。

「再不快點出發，車子就要開走了。專務董事不是說了要讓他再靜養一天嗎？」

我很肯定，M小弟安撫的對象就是肌肉男R。

好不容易聽見車子開走的聲音，我才緩緩地爬出睡床。

因為還不到便當店開門的時間，我去便利超商買了海苔壽司捲果腹。

中午過後，Ｒ的師父Ｋ終於到了。

他搭著計程車抵達宿舍。

昨天打電話向專務董事報告身體狀況時，我聽說了Ｋ要來的事。因為我剛好停工休養，專務董事便要我幫忙接待他。

「你就是部長嗎？我是Ｋ，以後還要請你多多關照。」

先不論語氣如何，看他低頭敬禮的樣子，似乎頗有禮貌。

我領著扛著大包包的Ｋ來到分配給他的二樓房間，大致和他說明了附近的地理環境。

接著，我留下Ｋ獨自整理行李，獨自回到房間，躺在床上看文庫本。

過了一會，傳來輕輕的敲門聲。

我應了門，原來是 K 安頓好了以後，拿著計程車收據向我請款。

他說在關西有先拿到來仙台的新幹線車票。於是我依他所說，和他結清了計程車費。

這件事隨即引發問題。

「怎麼能替他付計程車錢呢？我老媽可是仔細寫了紙條，清楚交代仙台車站的公車要從哪裡搭、在哪一站下車；連從公車站走過來的路線都寫了。」

專務董事如是說。

我走向二樓，準備告訴 K 不能報公帳，行經一樓 R 的房門前時，裡面傳來熱鬧的笑聲。

似乎是K和R在房內敘舊。

我不大情願地敲了敲門。

「哦，門沒鎖。」

R粗聲粗氣地回道。

我一開門就大吃一驚。如我所料，K的確在R的房間，但我最吃驚的是R的模樣。

「R，你的頭髮……」

應該是昨晚請來自博多的M幫忙的吧，R理成了大光頭。如果只是這樣倒還沒什麼，但他竟然連眉毛也剃了。

無論怎麼看，這造型都像罪犯。而且不是小奸小惡之輩，而是窮凶惡極的那種。

「接下來天氣會更熱，我就先剃光了。怎樣？有意見就說啊！」

應該是我錯愕的視線惹來 R 的不快，他放話挑釁。

「沒事，你的決心相當了不起。」

我趕緊打圓場。

「拍啥馬屁啊？怎麼看都像混黑道的吧！」

K 笑著接話，遣辭用字令我詫異。

白天見到他時，那種客客氣氣的印象已消失。難道是聽 R 說了，我只是個有名無實的業務部長，在這行是門外漢，去工地只會礙手礙腳？

「有什麼事？」

R 朝門口的我發問。

「我不是找你，我有事找 K……」

「我怎麼了？」

這次換成K斜睨我一眼，眉頭一皺，一副要找我吵架的樣子。

剃掉頭髮和眉毛的R也面露不悅，一起瞪著我。

計程車費不過區區兩千日圓。考慮到現場氣氛，我犯不著為了這點小錢忤逆他們。但是，對每月只有五萬日圓生活費的我來說，這筆錢實在難以自行吸收。我遞出計程車收據，公事公辦地對K說：

「這筆請款被專務董事擋下來了。」

「是嗎。」

說完，他便徹底裝傻。

「呃，所以收據還給你，剛剛給的錢不算數。」

「你說錢怎樣？」

「我無法幫你付那筆錢。」

「聽你在放屁！」

K立刻動怒，氣得滿臉通紅。

「搞屁啊？你不是部長嗎？錢不是由部長結清了嗎？專務董事說的那些到底關我什麼事啊？」

「我就說吧，他就是這種小人。」

R見縫插針。

「真是愛推卸責任的狗屎。」

「原來是坨屎啊。那，我們來把屎沖進馬桶吧。」

兩人作勢起身，我見狀只得趕緊腳底抹油。

各位讀到這裡，也許會覺得不可思議。

受到如此不合理的對待，我為何不向頂頭上司——專務董事和老闆報告呢？

我說了，而且是對專務董事和老闆都告過狀了。

「他們只是鬧著玩啦。」

這是專務董事的反應。

「就是因為把你當成夥伴，才會跟你開玩笑，表示沒把你當外人。如果你還是很氣的話，就賞他們一拳嘛。多打幾次架，感情說不定就變好了。」

附帶一提，專務董事有練過空手道，是有段位的那種。看來我是找錯人了。

而老闆的反應就正常多了，他低頭向我道歉：

「真抱歉，我會請他們注意言行，這次就請你睜一隻眼閉一隻眼吧。」

但老闆出面的結果只是讓我在工地被欺負得更慘，而且是私下的霸凌。

他們會用力踹我屁股、對我的防護鞋潑茶、在便當裡倒醬油，連我擺在休息室的文庫本小說都被撕走最後三頁……光是一邊回憶一邊寫下這些往事，我都感到心驚肉跳，反胃到想吐。

日子在各種荒誕中流逝，轉眼間來到地震後的第三個春天。

R疼愛有加、身為現場開心果的M小弟，某天忽然離職了。

只記得一天夜裡，M小弟神色倉皇，把行李塞進來載他的車子，從此以後再也沒有回來。連一句道別都沒有。

向專務董事打聽得知，M小弟福岡老家的朋友來宮城縣找他玩，M和老友喝酒敘舊，忽然很想家就走了。

「這理由太隨便了吧。」

「就是因為決心不足，那小子不管混多久，永遠都只能是鮟鱇[5]。」

「鮟鱇？」

「在關西，沒有所屬公司、在不同工地轉來轉去、只能領日薪的工人，就叫做『鮟鱇』。」

專務董事輕蔑地說完，正色警告我：

「這是最難聽的汙辱，千萬別喊我們家那群工人鮟鱇。一旦說了可是會見

5　鮟鱇魚平日潛伏靜止不動，只等著食物出現在眼前才衝過去補獵。用來比喻平時不主動找固定工作，眼前出現工作機會才做的日薪工作者。

血的！」

「這話怎麼說？」

「你不知道嗎？他們全是鮟鱇啊。」

我還真的不知道。

福岡的M小弟另當別論，我以為關西來的工人全是老闆公司正式雇用的人，原來並不是。難怪即使老闆出面斥責警告，他們依舊我行我素，執意欺負我。

說起來，老闆之所以親赴東北，並不是來現場替我們加油打氣，而是因為關西的日薪工作機會飽和了才暫時過來，聽聞此事後，我越發感到愁雲慘霧、前途堪憂。

專務董事說得沒錯，一陣子之後，老闆被關西的統包商叫走，離開了石卷工地。

地震過後第三年的夏天，依舊酷熱難耐。有些人也許會感到奇怪，石卷市不是位在東北地區嗎？怎麼會熱呢？事實上，東北地區的夏天一樣炎熱。在夏日的高峰期，三十五度以上的高溫甚至會持續超過一週。

同一個工地裡，也有其他公司的工人中暑昏倒，送醫急救。包商的工頭特別叮囑我們「要時時刻刻補充水分」，並且發了上次那個「鹽分補給錠」給我。我當然不敢吃了。

直到有第二位工人昏倒送醫，包商終於採取「海灘遮陽傘」對策，要我們在狀況不對時就架起遮陽傘乘涼休息，時機自行判斷。

想也知道，工地怎麼可能允許我們悠哉休息呢？話說回來，有權力批准的長官，不是坐在重型機具的機具駕駛室裡，就是開著砂石車，他們都待在能避免日光直射或有冷氣的地方。

有中暑風險的全是被稱作「零工」的工人。工地裡極為講求階級制度，位於金字塔底端的「零工」，豈可自行張開遮陽傘納涼休息呢？我真懷疑叫我們這麼做的工頭是不是腦袋進水。

實際上並不是工頭腦袋有洞，他們指示我們使用遮陽傘，只是為了有個萬一時可以推卸責任。如果有零工中暑昏倒，工頭就可以辯解事前早已吩咐我們自行架設遮陽傘、自行判斷身體狀況並適度休息。這很明顯就是為了規避責任。

雖說「自行判斷、自行負責」是基層工人的信條之一。但那根本只是位居高位者的信念；對於不允許「自行判斷」的下層階級而言，不過是口號而已。

我有過一次疑似中暑的經驗。

那天也是個酷熱的日子，毒辣的太陽在頭頂上肆意燃燒。無論天氣再熱，工人都要穿著長袖工作服以維護個人安全，甚至連袖子也不能捲起。

我拿著鐵鏟，奮力挖著鋪排水溝要用的溝渠。那是無法啟用重型機具的小水溝。我當時便感到奇怪，自己為何沒有出汗？照理說早該汗如雨下，當下卻滴汗未流。

即將午休之際，我突然開始狂冒汗。原來汗水真的會像瀑布一樣嘩啦啦地流下來，連我自己也嚇了一跳，然後總算恢復意識。

所謂的恢復意識，並不是說我有昏倒，而是冒汗前的記憶全都消失了。放眼望去，我已經挖了長達三十公尺的溝渠，卻完全沒有那是我自己親自動手挖的真實感。

其他零工告訴我，我無視專務董事和 R 的斥責，跑去距離最近的自動販賣機買運動飲料，埋頭猛灌。而且不只一、兩次。聽說我至少投了五次自動販賣機，每次都是咕嚕一口喝光整瓶運動飲料。奇怪的是，我自己卻不記得任何片段。

那次，我應該就是中暑了。幸好附近有運動飲料的自動販賣機，加上我意識不清，沒聽見專務董事和 R 的叫罵，若非如此，恐怕早就中暑昏迷而送醫急救了。

酷熱的夏天結束後，短暫的秋天過境，石卷迎來冰天雪地。那是我在災區度過的第三個冬天。

某天，我在私人住宅做基礎工程。

參與多時的鋪路工程案結束，還要再等幾天才會移動到下一個工地，我靠著當地包商介紹的工作填補這段空檔。

當時尚未進入隆冬就已颳起大風，寒風冰冷刺骨。

午後，風吹來了雪花。但天空一片蔚藍晴朗，並沒有下雪。

這叫風花，聽說是強風把遠山降下的雪吹來的現象。

我的人生經歷過數次下雪，但還是頭一次體驗何謂「風吹雪」。

早會時間，上級指派我必須在中午前拌好砂漿。

砂漿是水泥粉與砂和水混合攪拌、凝固而成的建材。把細砂換成砂礫，就會變成混凝土。

施工現場有我從宿舍帶來的三桶十公升儲水箱，我打算用這些水拌砂漿。然而，就在我為了防止強風把水泥粉吹跑，打算將材料搬運到背風處時，才察覺情況有異。

儲水箱裡的水完全結冰了。

但工程可不能因此停滯。砂漿要用來填補當天組裝的大型預鑄建材的空隙，接合處凝固後，會把挖出來的土再埋回去，結束工程。下一個大型工地隔天就要開工，我連一天也不能等。

我拿起水桶和杓子趕往附近小溪，心想也許流動的水不會結冰。期待成真，溪水果然沒結凍，只是表面結了一層冰。

真不愧是東北地區的石卷，就連溪流滔滔的北上川都在深冬時漂起流冰。聽當地人說，在全球暖化加遽前，這裡甚至能駕馬車渡河。

我用杓柄敲碎水面堅硬的冰層，好不容易慢慢地撈出一桶水。爬上河堤，看到手套上閃閃發亮的霜柱，我著實吃了一驚。結冰的並非晾著沒用的手套，而是我戴在手上的手套。這表示當時凍到連我的體溫都毫無作用。

「你要去哪裡？」

正當我準備走回車子換手套時，頭頂上方傳來一個聲音喚住我。是專務董事。

專務董事坐在怪手的駕駛座。那是寒帶專用的車型，操縱艙的周圍有防風玻璃隔絕寒風，裡面還有暖氣。我向推開駕駛座門的專務董事報告慘況。

「我去打水，弄濕了手套。」

「小事而已，戴一下很快就乾了。」

「就是我手上這雙，已經結凍了。」

我張開十指，伸到專務董事的面前。

專務董事探出身體，凝視我的雙手不到一秒便發出爆笑，笑到前俯後仰。

自那天晚上，我多了「連手上戴的手套都能結凍的脫線大王」這個封號，淪為眾人恥笑的對象。

約莫在要遷去新工地的同一時期，我們終於在石巻市內找到宿舍。那是兩棟民房，原本出租給人使用，但受到海嘯波及，導致屋內淹水，房東重新裝潢後再次出租。於是，我們分別住了進去。

雖說有獨立空間，但只是以紙門簡易隔間，這次專務董事總算記得顧慮我的感受，讓我住進了與K、R不同棟的房間。

新工地是綜合醫院擴建的基礎工程。一如既往，動用的人員除了我們小組之外還有其他公司，總共投入超過三百人力。

看到如此陣仗和工地規模，我鬆了一口氣。

既然工地這麼大，施工人員會按照職種分散作業，如此一來，我就能遠離肌肉男R和他的師父K，擺脫陰險的霸凌了——我當時是這麼想的。

我果然還是太天真了。

來到新的工地以後，有好幾次我都愣在原處不知如何是好。場地太大了，我無法判斷該在什麼時間做什麼事。此時要是不巧碰上R和K路過，免不了要挨一頓罵。

「你這傢伙竟然在這邊偷懶，給我好好工作啊！」

他們扯開嗓門大叫，附近的人都聽見了。

這件事逐漸在其他土木工人之間傳開。這些人全都是一個樣子。

知道我好欺負後，即使是不知姓名來歷的陌生人，也會毫無顧忌地一同辱罵我。

也許我有點被害妄想，但總覺得自己時時刻刻被超過三百名工人監視著，腦中也反覆出現強迫觀念（obsession）：一旦動作停止就會被罵。

每當我搞不清楚自己該做什麼，就會拿起竹掃把，拚命打掃砂石車卸貨用的鐵板路。

可是，R和K卻不肯放過我。

「少在這邊裝忙，你還有其他更要緊的事必須處理吧！」

我照樣被罵得狗血淋頭。

不僅如此，他們假惺惺地向其他公司的工人道歉：

「真對不起，這大叔沒有認真工作，他只是假裝有在工作。各位若是看到他偷懶，還請不用客氣，替我們嚴厲地斥責他。麻煩各位幫忙了。」

他們用這種方式，允許外人管教自家人。

其他人聽了竟然信以為真，更加緊迫盯人，有時還藉機痛罵我出氣。

於是，我在四面楚歌的情況下迎接了新的一年，接著分別有一好一壞的消息等著我。

老寫些陰鬱的內容，各位應該都覺得煩了，先來聊聊好消息吧。

那就是，我有固定的工作了，負責清洗從外地運來泥土的砂石車輪胎。

這個工作好在哪裡呢？因為砂石車時刻不停歇地進進出出，我的手完全無法閒著，再也不用擔心會站在原地發愣，不知道該做什麼了。

再者，這工作沒有人想做。

這是當然的。

石卷的冬天寒氣逼人，這工作必須手持高壓水槍，沖洗砂石車輪胎上的污泥。雖然身穿雨衣，但反濺的泥水會迎頭澆下。

傍晚四點過後，太陽一旦落下山頭，為方便行走而鋪設的鐵板上的積水，會立刻凍成冰沙狀態，不消多時就完全結冰，我一天都不知要在上頭滑倒多少次。

凍僵的身體摔在鐵板上可不是普通的痛。由於雙手得奮力抱住高壓水槍的噴嘴，跌倒時根本無法同時做出保護身體的動作。

有哪個神經病會喜歡這份工作啊？

自從接下人人嫌棄的工作之後，再也沒有人辱罵我了。對我來說，光是這點就值得歡天喜地。無論工作再怎麼苦，總比被別人辱罵、惡整、嘲笑要來得好多了。

壞消息則發生在二月初。

專務董事想增添人力，透過石卷公共職業介紹所，雇用了兩名新人。石卷公共職業介紹所介紹的兩名工人都無家可歸。一人來自山形，一人來自秋田，紛紛漂泊來到石卷尋求飯碗。

這兩人本身沒什麼問題，只是沒有車子可以通勤，必須住宿；如此一來，勢必有兩人得搬去其他宿舍。

R的師父K志願換房，但沒有人接著舉手，包括R在內。結果我就成了那個倒楣鬼。

「那個人不大好相處，你閱歷豐富，一定有辦法和他一起生活。抱歉，萬事拜託了。」

專務董事低頭請託，我無法拒絕，只能心不甘情不願地答應和K同住。我別無選擇。

想不到立刻就出問題了。

當時，工人之間很流行玩手遊。那是一個需要用 LINE 登錄的益智遊戲。聽說玩法是用手指移動畫面上的方塊，把同樣花紋的湊在一起就能消除方塊。不過一切純屬聽說，因為我本身沒玩過手遊，甚至沒有 LINE 帳號。我始終無法習慣用貼圖之類的訊息來和其他人溝通聯絡感情。

我不合群的態度，似乎觸怒了他們——這裡的他們除了我的組員，還有其他公司的工人。但是在那個時間點，我已經不擔心、也不在乎自己能否和他們打成一片了。

有一回，其他公司的人見我在看文庫本，好奇地問：

「那是色情小說嗎？」

我們組員之前也問過一模一樣的問題。看來在他們的腦海裡，小說只有「色情」這一類。

「不，這是凱琛[6]的書。」

組員聽見我的答案，露出訝異的神色。

「原來你看食譜書啊。」

他應該是把凱琛（Ketchum）跟番茄醬（ketchup）的外來語發音弄混了。

由於解釋起來很麻煩，我直接回答：「差不多吧。」

話題扯遠了，拉回 LINE 遊戲的話題。

一到休息時間，他們不約而同地迅速扒完外送便當，也有人邊動筷子邊低著頭，專心地默默玩起手遊。我則在一旁翻開文庫本。

---

6 傑克・凱琛（Jack Ketchum）為美國恐怖小說家，多次獲史鐸克獎，代表作為《鄰家女孩》（*The Girl Next Door*）。

那遊戲有個巧妙的設計，類似「生命值」之類的玩意，詳情我也不大清楚，總之玩一陣子就會無法前進，若想繼續玩，就要請 LINE 好友贈送所謂的「愛心」，才能解鎖。

發訊息邀請好友贈送「愛心」，透過訊息收下「愛心」後，應該還要道聲謝吧。由於我至今仍未註冊 LINE，也許認知上有所偏誤，但光是接收個禮物，不就需要發三次訊息嗎？應該有不少人為了玩遊戲，叫自己的親朋好友去註冊 LINE 吧？這些免費下載的遊戲，其實是非常高竿的促銷手法呢。

而更高竿的設計是，遊戲裡可以看見 LINE 好友的遊戲進度。

用這種方式激起競爭意識——不，這裡應該用「戰鬥本能」來形容較為貼切。對喜愛爭輸贏的工人來說，這遊戲設計簡直正中下懷。

「你也開始用 LINE 了嗎？」

一天晚上，我去宿舍附近的生活合作社（CO・OP）買完便當回來，K叫住我，笑咪咪地找我攀談。

「不，我沒用。」

我老實回答，怎知K的臉色立刻變得很難看。

「你這小子，竟敢睜眼說瞎話？難怪人人喊打。」

他氣得破口大罵。

我也被激怒了，新仇舊恨一口氣湧上心頭，拿出自己的手機奮力駁斥：

「你如果覺得我說謊，不妨自己檢查看看啊！」

只見K面紅耳赤，說不出話，也不打算檢查我的手機。我再給他一記迎頭痛擊：

「還有啊，K先生，你為什麼只要遇到不順自己意思的事就要發脾氣，認為別人撒謊呢？你也老大不小了，這種習慣不好，最好改掉。」

之所以敢這麼回嘴，是因為我認為K比R安全。

雖然他嘴上很愛碎唸，但我相信他不會動手。這麼說不是代表K愛好和平，我只是發現他的本性其實非常膽小。這一點從他面對包商和業主的諂媚態度就看得出來。

當組員和業主對工作程序意見紛歧，肌肉男R會大聲說出來；而號稱他師父的K非但不敢唱反調，還會當場阿諛奉承業主，之後才在私下抱怨。

K在談論自己的豐功偉業時，故事內容漏洞百出。他說，有一回上頭交代他一人負責蓋斜坡，本來預計十天完工，他五天就做完了，結果包商只付他五天份的薪水。

「我氣得半夜跑去把鋪好的斜坡攪得亂七八糟。誰叫他活該！」

K洋洋得意地吹噓自己的英勇事蹟，但工程如果真的包給他一個人做，包商應該不至於刁難薪資才對。

換句話說，他只想強調自己辦事很有一套，而且不好惹。但我光聽他吹噓的內容，就知道這人只是藉由自我膨脹來洩憤罷了。

如我所想，K被反將一軍後，只是憤恨地咬牙，沒有多說什麼。我不理他，穿過共用的廚房，回到僅隔一扇紙門的房間。

記得當時我已吃完便當，約莫過了一個小時吧，房間的紙門傳來咚咚敲門聲。拉開門一看，只見K氣得臉紅脖子粗，撂下一句狠話：

「你給我走著瞧！」

這次不是虛張聲勢，K開始用自己的方式對我展開報復。

比方說，放在浴室裡的肥皂和洗髮精，他會把自己的拿回房間放好，卻把我的盥洗用品胡亂丟在房門前，也曾故意把廁所的衛生紙藏起來，總之都是一些不忍卒睹的惡作劇；其中最讓人受不了的，當屬他把公用煤油暖爐搬去了自己房間。

根據K的說法，暖爐的煤油是他下班後去加油站買的，他當然有權獨享，如果我想用，就得自己走路去買。

這裡還得提一提公務車。因為K的報復手段實在太多，我差點給忘了。請容我在此交代一下前因後果。

公務車事件是這樣的。

公司只發一輛公務車給我和K共用。我們每天早上在宿舍前狹窄的停車場集合出發，八點工地要開朝會，還要先做收音機體操。

為了避免遲到，我們必須提前三十分鐘出發。

K約莫從二月起開始報復。車鑰匙在他手裡，我就算想提早也上不了車。話雖如此，那天早上我和平時一樣，提前十分鐘來到停車場，卻發現車子不見了。K丟下了我先行出發。

按照規定，朝會點名時不在場的人不能下工地，導致我當天工作曠職。

當然，我找專務董事告了他一狀。

「哎呀，你惹到他了啊。」

這是專務董事當下的反應，接著他幽幽地說：

「果然還是不行啊。」

一聽到關鍵字我馬上追問：

「『果然』是什麼意思？」

「沒什麼啦，就是覺得 K 這人挺難搞的。」

「你明知他難搞，還把他從關西叫來嗎？」

「唉，你要這樣說也沒錯啦。不過，他一旦開始賭氣就沒救了。這男人很會記仇。」

「沒救了是什麼意思……要找其他人代替我和他合住嗎？」

「我以為憑你的經驗，應該可以收服他……」

專務董事表示，誰去和 K 住都沒用，包括肌肉男 R 在內。問題是，宿舍實在沒辦法隔出更多空間，因此，他提議維持原狀，但要我改搭電車通勤，先坐到石卷車站下車，再由本來的組員接送我去工地。

我除了接受，沒有其他選擇。

R聽說了這件事，特地跑來警告我：

「記得去石卷車站的圓環等我，那裡才好找。我要是從車上看不見大叔你，就會直接開走喔。」

K八成跟他說，我那天曠職是因為睡過頭，沒在規定時間去停車場吧。

對早起很有自信的我懶得和他多費唇舌，立刻趁回程時在石卷車站查了時刻表，發現早上的車次很少，想要配合集合時間，就得搭首班車才行。

但我對K的厭惡已達「就連呼吸相同空氣都不願意」的程度，儘管要比首班車更早抵達石卷車站，我也不介意。

那天晚上，我也沒有直接回宿舍，索性在買晚餐便當的生活合作社休息區看書，待到打烊才離開。

之後回到宿舍，K已熟睡。從此以後，我每天過著清晨四點出門，晚上在生活合作社待到打烊的日子。所以，儘管我們住在同一間宿舍，但在那之後，我只有在工地才會看到K。

回到煤油暖爐的話題。

由於K把暖爐搬到自己房間，我被迫在二月寒冬中的石卷，過著沒有暖氣的生活。

可能有讀者看到這裡會納悶，買台二手電暖器不就好了？電暖器買不起的話，總還有電毯可用吧？

但別忘了，那裡可是瀕臨廢棄的老房子，要是用了電暖設備，總電源會立刻跳掉。

增加電壓也是一個方法。這點我當然知道。

但這麼做的前提是必須找K商量。就算不找他商量，也得趁他在家時施工才行。

有個詞叫做深惡痛絕，完全是我當時對K的心情寫照。我絲毫無法忍受在他醒著的時間，和他同時待在那棟受詛咒的宿舍。

我已做好心理準備，與其聽他強詞奪理、指指點點，我寧可在天寒地凍的石卷，度過沒有暖氣的冬天。

儘管心意已決，但石卷的冬天實在不容小覷。我在用來代替睡衣的運動服底下，穿上我所有的衛生褲，脖子圍上毛織頸套，套上厚厚的襪子，捲著棉被睡覺，即使如此，深夜時依舊冷到難以成眠。

這樣再三嫌棄對房東很過意不去，但我必須再次強調，那裡快成廢屋了，不是冷風從縫隙灌入屋內這麼簡單，而是整棟屋子都籠罩在刺骨寒氣中。

每到凌晨兩、三點我就會被凍醒。玻璃窗發出劈劈啪啪的結凍聲響，也吵得我睡不著覺。

所以，即便首班車六點後才來，我仍不敵寒氣，提早出門。

如此這般，我過起了超克難的生活。半夜出門縮起身子以抵擋石卷的寒風，直奔離家最近車站的便利超商。在那兒買了咖哩麵包後，前往車站圓環設置的多功能無障礙廁所，坐在馬桶上，吃下微波爐加熱過的咖哩麵包，喝著熱騰騰的罐裝咖啡，直到車站開門之前，用閱讀來消磨時間。

這間多功能無障礙廁所是極好的密閉空間，比冷風直灌的宿舍要強，身穿工程專用防寒服躲在這裡，比躲在棉被裡舒適多了。雖說舒適，但也沒有舒服到能放鬆打盹。不知反覆讀過多少次的文庫本，是我當時唯一的心靈綠洲。我只能逃到書中的故事，來忘卻現實的痛苦。

〽我倆敗給了貧窮

不，是敗給了世間

您一定在想，我怎麼突然開始唱起演歌來了。

上述歌詞摘自昭和四十九年（一九七四年）發售的歌曲，「初代櫻與一郎[7]」那首〈昭和枯萎的芒草〉的頭兩句。

由現代的角度來看（關起門來說，在當時也是），這是一首由外貌不甚亮眼——套句流行語就是「顏值不高」的男女雙人演歌團體所演唱的歌曲。

但可千萬別小看這首歌。它在發售隔年的昭和五十年瘋狂大賣，最後創下一百五十萬張的銷售紀錄，並在同年的 Oricon 公信榜拿下單曲排行第一名的耀眼成績。

這首歌發售的前一年，即昭和四十八年，日本剛結束了自昭和二十九年以來長達十九年的高度經濟成長期。

因此，這首歌道出了國民所得逐年成長、謳歌太平盛世的時代，已然靜靜

7 由德川一郎與河野櫻在一九七四年組成的演歌雙人團體。暢銷金曲〈昭和枯萎的芒草〉由山田孝雄作詞，むつひろし作曲。河野櫻在一九七八年退團，由第二代的山岡櫻接棒至今。

落幕的淒涼。

所謂的高度經濟成長期，也是日本被讚頌為「東洋奇蹟」的年代。昭和三十一年（一九五六年）誕生的我，就是在這樣的時代中長大。這首歌發行時，我年僅十八；奇妙的是，我認為它更符合現在的時代。請各位再看一下後面的歌詞。

〽連這座城市也追趕著我倆
不如死了倒乾淨
因為我倆已全力活過，心中了無牽掛
連花也開不了，我倆是枯萎的芒草
連花也開不了，我倆是枯萎的芒草

怎麼樣？是不是心有戚戚焉？

讀過前面的人肯定心想，我為何甘願忍受這種生活待遇？為何不向主管申訴？既然月收入是四十萬日圓，為何不向離婚的前妻說明自身困境，請求通融呢？各位一定感到很奇怪吧。

但這就叫「順應時勢」。

不是放棄也不是自暴自棄。當人類面對大環境發生的緩慢變化，不自覺就會順應時勢。

您還是無法接受嗎？那麼，請想想您自身的處境。

勞動型態改革？保障終身職？人生百年時代來臨？

可笑至極！政府高呼這些改革口號，請問各位的身邊可有發生任何變化？

雇用非正式員工成為常態，政府又導入移民政策，工作機會和賺錢商機都在不斷流失，不是嗎？與此同時，社會福利制度卻一直開倒車。

每次消費稅調漲，政府都說是為了保障基本福利。實際上，年金受領年齡提高的問題總是吵得沸沸揚揚、沒有定論。政府甚至還考慮調降受領金額。增課消費稅背後的目的，其實是為了降低營利事業所得稅。

政治家貪污的新聞如家常便飯天天上演，卻沒有人站出來接受問責。嘴上說會負責，實際上卻躲躲藏藏，或是動用特權住進醫院的特別病房，在這段期間，議員的薪水還是一毛不少地匯入戶頭。

您以為只有做工的人心眼特別狹小？

社群網站上不也充斥各種謾罵批評嗎？

有許多人匿名批評誹謗別人或其他國家，而他們提出所謂的結論，不外乎是有問題要自己負責，對吧？

您說日本是美麗的國家？

電視節目總愛播出外國觀光客讚美日本的畫面，想必有不少國民光看外國讚揚日本的言論就醉了吧。

觀光立國？

要蓋五十棟外國人眼中世界一流的高級飯店？

請問如此高級的飯店，各位當中又有幾個人住得起呢？

政府掃蕩白牌計程車[8]時，被逮捕的全是老年人。

換作「上級國民」，就算在池袋撞死一對母子也不會被抓。[9]

開車橫衝直撞的理由竟然是「法國餐廳的訂位快來不及了」。

住在這樣的日本，各位卻不曾真正動怒，也不曾用自己的腦袋來思考。

若說池袋衝撞事故的加害者是「上級國民」，那當時的我無疑是「下級國

---

8 白牌指的是白底黑字的自用車，不能有商業用途，否則就變成違法的私家計程車。白牌計程車不像合法營業車輛，無論對車輛檢驗或駕駛人考照都有嚴格規定，若遇到交通事故，可能無法獲得該有的保險理賠。

9 此指發生於二〇一九年四月十九日的「東池袋開車失速衝撞死傷事故」。肇事者曾任日本經濟產業省官員，當時八十七歲賦閒在家。根據行車記錄器，事發當時，他二度無視紅燈未踩煞車，直接衝入行人通行的斑馬線，造成十人受傷及一對母子死亡的慘劇。

民」。

各位讀者又是如何呢？

我想以自身做過過底層工人和輻射除污員的經驗，來思考何謂「下級國民」。

寫完之後，將本書命名為《下級國民A》。

中森明菜唱過一首歌叫〈少女A〉。

〽並不特別，隨處可見

我、就、是少女A

既然有所謂的「上級國民」，它的反義詞應該就是「下級國民」吧。只能當底層工人和輻射除污員的我，的確就是「下級國民」。

可是，在當今的日本「下級國民」很稀有嗎？不，反倒隨處可見吧。

您說，躲在嚴寒的石卷市車站前的廁所裡，飢餓地啃食咖哩麵包、靠著罐裝咖啡熬過冬天的我，和下級國民又有什麼兩樣？想必各位當中也有許多人——幾乎所有人，此刻都順應著時勢過日子吧？

非常規雇用已成常態。年金制度崩壞，老年生活失去保障。人們至少得工作到七十歲、甚或七十五歲；換個說法，就相當於叫人民工作到老死為止。政客逃避問責，司法制度失去公正性。這不正是在順應「時勢」嗎？

日本早在多年以前就被稱作格差社會，生活在階級嚴苛的社會底層就是這麼一回事，除了順應時勢，沒有其他法子可以自我安慰。

不好意思，我有些激動了。我只是個六十四歲的老人[10]，請把剛剛那些當作老頭子發牢騷，聽聽就算了。我們言歸正傳吧。

總之，儘管只能逆來順受，但我的生活並非毫無喘息的餘地。

石卷市的大街道北町有間大型澡堂，名叫「元氣之湯」，含露天浴池在內，共有十餘種浴場，裡頭附設餐廳，也有榻榻米休息室，可供客人隨意躺下睡覺。

這裡從早上九點開到午夜十二點，沒有通宵營業雖然可惜，但只要購買回數票，使用一次只需六百日圓，價格公道。全年無休這點也幫了我大忙。

每個星期六下工後，我會坐公務車在石卷車站下車，從車站走二十分鐘前

10 此指本書成書（二〇二〇年）時作者的年紀。

往「元氣之湯」，在那裡療癒凍僵疲憊的身軀，悠悠哉哉地待到打烊時間。

關店後我不會直接回宿舍。

因為隔天是星期天，K一整天都會待在宿舍。宿舍裡沒有電視機，想必他一整天都會玩那個LINE的消除方塊遊戲，怎麼也玩不膩。我並不想回到那樣的宿舍。

離開「元氣之湯」後，我會再走到石卷車站後站的中里町，那裡有家名叫「自遊空間」的漫畫網咖，裡頭的座椅可以躺平，在星期天早上九點「元氣之湯」開門之前，我會在那裡好好地睡上一覺。

我原以為用這種方式度過週六夜晚和週日一整天，就能熬過石卷的冬天。

但人算不如天算，無預警的意外發生了。

事情發生在三月第二個星期六的夜半時分。那天晚上，我去「元氣之湯」泡澡，舒服地出了一身汗之後，在「自遊空間」的座椅躺平休息。

突然間，肚子劇烈地痛了起來！

在那之前我的肚子也痛過好幾次，但我總以為是生活環境過於惡劣的緣故，對自身健康狀況的警覺心不高。每次肚子痛的時候，我就會去買市售的胃腸藥撐過去。但那天晚上的腹痛，實在痛到讓我無法忽視。

即使覺得身體不大對勁，我仍決定先去跟櫃台要胃藥來擋一下，想不到還沒走到櫃台我就昏倒了。劇烈的疼痛讓我整個人暈厥過去。

等我醒來，人已經躺在醫院的治療室。意識朦朧之間，有位男護理師向我說明病情。

我得了穿孔性闌尾炎併發的腹膜炎，動了緊急手術。我不記得自己坐上救護車，也不記得自己叫過救護車。應該是「自遊空間」的員工替我叫的吧。

穿孔性闌尾炎併發的腹膜炎，就是盲腸破裂，裡頭的東西掉出來，造成腹腔感染，因而引發了腹膜炎。

「您當時的情況相當危急，差點丟了性命呢。」

護理師微笑說出的這句話，使我不禁捏了一把冷汗。

假如我是在宿舍或車站前的無障礙廁所昏倒的話……

在無障礙廁所也許還有救，倘若是在宿舍昏倒，我說不定早就死了。

K 和我關係不睦，即使看到我痛得打滾，恐怕也只會坐視不管；再說，就算痛到快暈過去，我應該也不會向 K 求救吧。

從治療室移至病房後，還得禁止飲食整整五日，好在這段期間護理師會以沾水的棉花替我潤潤脣，算是我唯一的安慰。

由於還不能下床走路，我在護理師的許可下，躺在病床上打電話給專務董事。

他表示下週日會來醫院探病，問我需要什麼，我請他盡量挑厚一點的文庫本帶給我。

下一個星期日，專務董事帶了十本文庫本來病房探病，上頭還貼有二手書店的百圓貼紙。雖然其中有半數都讀過了，但我仍開開心心地收下。

長達兩個多月的住院，除了專務董事以外，沒有一個組員來探望過我。由於我本來就不抱期待，所以也不覺得落寞；真正讓我訝異的是，竟然有其他公司的人來探望我，對方是曾和我同組洗輪胎的工人。而且，他還細心地包了五千日圓的慰問紅包給我。

這可不是普通的五千塊。是他在冰天雪地的石卷，被泥水濺得滿頭滿身，辛苦勞動一整天才賺得的一半薪資，說不定還超過一半。當時我感動得眼淚差點要掉下來。

除此之外，還有兩個人來探病。其中一人我見過，他是某土木公司的業務本部長，年紀不過四十出頭；那家公司看準震災後的復興工程有賺頭，將總公司從廣島搬遷到石卷市。跟他一起過來探病的，還有該公司的常務董事兼總經理。

為什麼這樣的大人物會來探望我呢？我需要先說明一下。和我搭檔洗輪胎的好夥伴，是他們公司的員工。

當然，高高在上的業務本部長和總經理不會因為自家員工和我有交情而專程來探病。他們主要的目的是來面試我這個人。

我負責洗輪胎的工地統包商是日本五大工程營造公司之一。其子公司是上游的分包公司，而我們的小組和業務本部長的公司，則是以下游廠商的身分進出工地。

雖說只是子公司，但其母企業可是名列日本前五大的營造公司，分公司、營業所、辦事處遍及全國，一年可創造超過八百億日圓的營收。在我們下游廠商眼中，對方跟我們簡直是雲泥之別。

因此，統包公司派來的工地統籌長，當然也是跟我們不同等級的大人物，幾乎不曾在我們面前現身過。

只有那麼一次，統籌長親自站上朝會的講台。

「明天有貴客要來醫院參訪。」

長官也沒向我們道早安，直接進入正題，口中提到了當時紅遍大街小巷的某位女星。我們工作的那家醫院在全國各地都設有分院，那位女星擔任醫院集團的親善大使，隔天要來災區參訪隸屬災後復興計畫一環的醫院擴建工程。長官則授命來向我們這些下游廠商說明注意事項。

「像你們這些下賤的工人要是叫那位小姐看見了，只會髒了人家的眼。因此，我在假設她可能會來工地參觀的前提下，先鄭重警告你們！給我專心工作，千萬不准停手、不准抬起頭、更別妄想偷瞄人家一眼！這是命令，聽懂沒？」

他是來威脅我們的。

看到這裡，讀者可能會心想，我做的是工人的工作，卻月領四十萬日圓，會被其他組員霸凌也是在所難免吧。

不是這樣的。只有一開始在女川工地的工作，是靠著老闆的關係拿到的；之後我們小組的所有工程案，全都是我以業務部長的身分，努力開發業務掙來的。

統包商裡有個名為「協力會」的組織。

這個組織的目的是確保下游廠商不會被競爭者搶走。

我們小組隸屬的公司，也在醫院擴建工程的分包商——日本五大工程營造公司旗下子公司的仙台分部——的號召下，加入協力會。

協力會每年會以祈求平安、交換名片等名目，舉辦多次餐敘活動。我們的專務董事一概不參加這類活動。他厭惡所有需要打領帶出席的活動，所以由我以業務部長的身分參加。此次來醫院探望我的業務本部長，就曾在會場中和我交換過名片。

「久仰大名，我常聽石卷辦事處的F處長提起您呢，聽說您辦事很有一套。」

交換名片時自稱S的業務本部長，對我印象很不錯。他和號稱業務部長、但平時以工人身分出入工地的我不一樣，是貨真價實的業務本部長。

S本部長除了跑業務，也會抽空去統包公司拜訪寒暄，順便巡視自家公司負責的工地現場。他在視察醫院擴建工程的時候，看到曾在協力會交換名片的某業務部長——也就是我，竟然在做抹水泥、洗輪胎的工作，大為震驚。

與總經理會面的兩天後，S再度來訪。

「如何？打個商量，您有沒有興趣來我們公司呢？我們絕不會讓您去做洗輪胎這種工作。」

他表示願意支付同額薪資。仔細回想，上次他來探病時，確實是順著話題打聽我現在的薪水多少。

當時我只覺得這個問題過於隱私，如今才恍然大悟。

我沒有立刻答覆，請他給我兩到三天的時間考慮。

「也是啦，總得和現在的公司報備一下，等個兩、三天是沒什麼問題，只是我們家老大性子急，您可得盡快答覆啊。」

S語重心長地說完，離開了病房。

我其實沒有猶豫太久。儘管K的事情也有影響，但主要是在敲定醫院的工程之前，專務董事曾對我說：

「這次總算和大公司攀上關係，你以後不需要跑業務了。」

專務董事接著告知：希望以後我和其他工人一樣，依照實際工作日數計算月薪。

「我家管錢的老媽唸得可兇了呢。」

甚至還搬出這種藉口。

專務董事口中的大公司，是承攬道路工程的石卷當地統包商，業界稱這種公司叫「地盤統包」。之後因為我拿下日本五大工程營造公司的分包案，所以他才收回減薪的要求。但我始終無法完全放心，因為不曉得同樣的情況何時會再度上演。畢竟，他提出的減薪理由可是「老媽」啊。

但即便如此，我仍對跳槽有所疑慮。專務董事的公司早晚需要我的協助，更重要的是，我難以捨棄三年前來東北之前，和老闆談好「之後賺大錢要五五分帳」的約定。

聽說我們來東北的初期資金，是住在兵庫的老闆不惜賣掉手邊的重型機具才籌到的。後來道路工程雖有小賺，但仍不夠買回機具。

不過，只要現在的體制維持下去，未來鐵定能賺錢。等公司賺大錢，我除了固定的四十萬月薪，還能多領一半的營收。如果現在跳槽去S的公司，我就只是受雇於人，無法指望一飛沖天。這就是我猶豫的原因。

各位讀者恐怕覺得我貪得無厭吧？但我之所以會這麼想，有我個人的考量。且讓我暫時中場休息，先跟各位細細道來我不惜投身土木業的前因後果吧。

淪為下級國民A的經過

我在三十五歲創業，經營公司長達二十年。

那是一家高爾夫球場的場地維護公司，簡單來說就是負責修剪草皮，但這份工作一點也不簡單。

在日本，球場維護的專業性和社會地位並不受重視；但在國外，例如美國，球場維護負責人的社會地位比律師還高。只要能成為一流的球場管理者，住進有游泳池的豪宅指日可待。

在高爾夫球的發源地英國，一提到知名的球場，人們都會異口同聲地回答：皇家古老高爾夫俱樂部（The Royal and Ancient Golf Club of St Andrews，簡稱 R&A）。這是世界上歷史最悠久的高爾夫球場，堪稱高爾夫球運動的聖地。

在 R&A，高爾夫球手最想挑戰的球場就是聖安德魯斯老球場（Old Course at St Andrews）。

但這裡可不是想預約就預約得到的地方。

我有一位同為高爾夫球場維護負責人的前輩曾實際走訪當地。他在櫃台使用簡單的英語說明自己的職業，並表示不奢望能上場打球，只求站在球場一角，觀摩學習。

誰知櫃台接待員一聽到他的職業，馬上客氣地請他務必親自上場揮桿體驗。在當地，球場維護負責人就是如此德高望重的行業。

美國每年都會舉辦一次大規模的展覽會。展覽主題以高爾夫球場維護專用的機械為主，還有農藥、肥料、草皮管理等相關機材、原料製造商等，齊聚一堂展示新產品。

展覽會也會舉行各類講座，不少球場維護工作者都會專程前來參加。

我每年固定搭飛機前往美國參加展覽會，光是仔細逛過會場內的商品，就需要花上三天。規模之大自不待言，其中最令我大開眼界的是在紐奧良展覽會時目睹的光景。

當時，由於我太晚訂房，沒能訂到會場附近的飯店，只好投宿郊外的汽車旅館。在早餐只提供自助式咖啡和麵包的旅館餐廳裡，一群將來立志成為球場維護負責人的年輕人們，聚集在此自主舉辦讀書會。這場只能啃著無味麵包的讀書會，在展覽開始前的一大清早舉行，他們的熱忱令我震驚不已。

參觀完展覽會後，接著參訪的知名高爾夫球場更是令我驚歎連連。例如喬治亞州亞特蘭大展覽會場附近的奧古斯塔，那裡有家名聞遐邇的奧古斯塔國家高爾夫俱樂部（Augusta National Golf Club），乃是舉辦世界級高爾夫球賽事美國名人賽（Masters Tournament）的知名球場。

主球場由擁有「球聖」、「高爾夫神人」封號的傳奇高爾夫球手——鮑比・瓊斯（Bobby Jones）發想設計。

鮑比・瓊斯生前以業餘高爾夫選手的身分出賽，稱霸當時世界四大賽[11]，也是史上第一個獲得「大滿貫」稱號的傳奇人物。

奧古斯塔國家高爾夫俱樂部擁有難度極高、世上絕無僅有的高速果嶺——

11 指四月舉行的美國名人賽、六月舉行的美國公開賽、七月舉行的英國公開賽，以及已從八月改成五月舉行的PGA錦標賽。

「烏鴉果嶺」和「魔女棲息之果嶺」，深受高爾夫選手敬畏。有好幾個球洞除了向神祈求好運之外別無他法，因此也被稱作「阿門角」（Amen Corner）。

該球場最值得一提的知名球洞就是第十三洞。除了要瞄準的果嶺有溪流和沙坑阻擋，增加了難度，這個球洞最大的特徵便是圍繞著球洞盛開的杜鵑花（西洋杜鵑）。每次看電視觀戰，我都深感訝異，這些杜鵑花為何總能在名人賽的舉辦期間盛開呢？

植物難免會受到當時天候影響，提早或延遲開花。這是一般的常識。不管怎麼想，不可能每年剛好都在舉辦賽事那一週盛開吧。

直到我在當地觀摩之後，才解開了謎題。

聽說那裡的花不會遲開，多半是早開。為了配合賽事期間，球場維護人員會在賽季開始之前，朝花噴上乾冰的冰霧，延遲開花的時間。

不僅如此。

該球場以松木林作為區隔，地面上滿是松木落葉，聽說工作人員會在賽季開始前集中清掃落葉，將蒐集到的落葉重新鋪在井蓋上。

原來不只草皮，他們在其他細節也下了許多工夫，令我讚歎不已。但這麼一來，人事開銷該怎麼辦？想必大家一定會有這樣的疑問。

是我杞人憂天了。

賽季開始前，來自全美、甚至全球各地的球場維護員，會以志工身分來到此地，只為參加美國名人賽的球場整備作業。這裡不會錄取普通的作業員。只有經驗豐富、在家鄉也受到知名球場認可的球場維護員，方能以作業員的身分，加入以數十人為單位的整備小組，在此奉獻勞力。

還有一件事同樣令我嘖嘖稱奇，這就要提到美國頂尖的公眾球場——圓石灘高爾夫球場（Pebble Beach Golf Links）。這座球場有好幾個球洞的沙坑頗深，但坡面卻都完美地鋪著白砂，我在看電視比賽的時候，想破了頭也不明白砂子為何能那樣牢牢固定在坡面上。

這個疑問也在我實地現場觀摩後得到了解答。

砂子不是鋪上去的。當我知道砂子裡混合了黏膠時，驚訝到說不出話來。沒想到他們居然做到這種地步，著實令人瞠目結舌。

高爾夫球場管理業界流傳著一種說法：「在英國出生，在美國加工，在日本腐壞。」身處日本的高爾夫球產業，長年從事球場維護工作，我也不得不認同這句話的確有道理。

我在泡沫經濟後期進入高爾夫球產業，親眼看著泡沫經濟逐漸破滅的同時，原先計畫好動工的高爾夫球場，一家接著一家陸續開幕。

現在，一人下場沒派球僮已是常態；但在當時，沒有球僮的高爾夫球場會被當成三流球場。因此，在正式開幕以前，一定得設法保證自家球場提供球僮服務。為此飽受壓力的高爾夫球場經營者，鎖定了偏遠地區的高中。他們進入高中校園徵才，大量聘用女高中生當球僮。在關西地區，九州的高中正是徵才的熱門學校。

當然，他們會向高中甫畢業的女孩提出極優渥的條件。

月薪二十五萬日圓，員工宿舍是高級單身公寓，一樓設置便利商店，地下室還有附泳池的健身房。

不只這樣。

他們會送球僮全新輕型汽車作為通勤交通工具，讓球僮參加合宿駕訓班，考取駕照。當然，費用全額由公司負擔。不僅如此，還會配合上班日數，提供每天一萬日圓的化妝津貼。

聽起來或許很扯，但日本曾有過這樣的輝煌時代。

除此之外，球僮還有客人的小費可以領。只是，這點可能就沒什麼好羨慕的了。

只要聽我描述之前在第一洞看到的情形，各位應該就能明白我的意思。

那天，我看到客人甩著手裡的萬圓大鈔，頤指氣使地對球僮說：

「聽好了，給我仔細盯著球飛去哪裡，不准看丟了。今天一整天，妳都是我的狗，要像狗一樣追著球跑，懂了嗎？」

球僮用力點頭。

「很好，現在立刻給我繞三圈學狗叫。」

世上就是有這種沒品的奧客，一點也不讓人羨慕。

再說個真實發生的故事，讓您感受當時的高爾夫球場對於球僮的需求有多麼迫切，因而導致球僮素質良莠不齊。

我巡視球場的時候，在第一洞遇到客人，那是球道第二打點。這組應該是提早開始打。

客人詢問一臉茫然的球僮：

「這裡離果嶺大概多遠？」

他是問距離，正常人應該都知道要回答幾碼。

「不確定耶，走路大概五分鐘吧。」

聽到球僮如房仲般的回答，客人忍不住笑彎了腰。

相較於享有優渥待遇的球僮，反觀球場維護作業員，絲毫沒享受到泡沫經濟帶來的甜頭。無論怎麼看，都只是出賣勞力的工人。這也是沒辦法的事。但在美國，年輕的球場維護員會為了成為球場維護負責人的夢想，自主舉辦讀書會呢。

另一方面，日本的情形又是怎樣呢？球場的經營者多半是找農地被球場收購，或是擁有一整片山林的農家，由他們直接擔任球場維護負責人。

既然會種稻米，管理草皮應該也沒問題吧。球場經營者對草皮管理的認知也很膚淺，只因貪便宜而雇用非專業的人。

抱歉我又要舉非日本的例子了：在國外，高爾夫比賽優勝者上台發表感言時，一定會先說這句話：

「感謝負責維護球場的各位工作人員，把球場打理得如此完美。」

就是這麼一回事。

從頒獎儀式的座位安排，也可以看出端倪。坐在最上位的人是球場理事長，而他旁邊的重要位置則留給了球場維修負責人。

那麼，我們再來看看日本的情形。

在日本，球場維修人員的地位跟國外相比，根本是天壤之別。

日本的球場維修負責人，甚至連選手聚集的俱樂部都進不去。

我聽說過一位球場維修負責人，因為有重要事項必須確認，未經同意便走進俱樂部尋找球場經理，結果被對方破口大罵「竟然穿著工作服進來這裡，你在搞什麼鬼？」就這樣被轟了出去。

您或許覺得奇怪，我怎麼寫了這麼多關於高爾夫球場的事？事實上，泡沫經濟時代、以及之後有將近二十年的時間，我都屬於上流社會的世界。直到五十五歲那年公司破產後，才淪落到目前的世界——即社會底層；在此之前，我對於臨時雇用人員的哀愁渾然不覺。

當時的我，生活過得相當奢華。

我的公司負責管理全國十二間高爾夫球場的草皮，個人的年收高達二千四百萬日圓，此外還有豐厚的公款可用。

說來丟人，在此舉個從前的例子給各位參考吧。某天晚上，我去當時常去的赤坂某家洋妞鋼管舞廳消費，包含小費在內，一個晚上輕輕鬆鬆就能花掉上百萬日圓。

舞廳打烊後，我邀義大利籍的經理和數名白人舞者去高級燒肉店續攤。半路上，我還帶著女舞者們去了色情酒吧。看到衣著暴露、擁有模特兒等級好身材的鋼管舞者突然進來，店裡的男顧客紛紛左顧右盼，忍不住興奮地交頭接耳：「是不是有什麼特別活動？」看著他們那副猴急的模樣，我感受到一種高高在上的莫名喜悅。如今回想起來，我當時真是個荒唐的下流胚子。

我不想為自己找藉口，但正因擁有過那樣的過去，當我自己掉到社會底層後，才能冷靜地觀察那些在底層打滾的人。各位如果覺得「觀察」一詞太過傲慢，不妨改成「客觀看待」吧。我想將自己的所見、所為、所感、所想，毫無保留地寫下來。

失業男子率先想到的出路，就是去工地做工。我有個交情甚篤的年輕演員朋友，他也是每天在工地打零工賺錢，一邊繼續演員之路，只為將來有一天可以一圓明星夢。

只是，我並非在五十五歲公司倒閉之後直接進入了工地。如同本書前面所寫，我是在那種情況下走入土木業。

當時，我一邊處理公司破產的問題，一邊往返唯一和我續約的兵庫縣某知名高爾夫球場，擔任那裡的草皮維護顧問。在景氣好的時期，顧問的日薪可達百萬日圓；但隨著景氣走弱，我也慢慢被減薪，到本書開頭的那個時間點，日薪只剩下十七萬日圓。但即使如此，只要露面一天就有十七萬，一個月去兩趟，收入是三十四萬。這樣的收入也不會窮到無法度日。

成為小說家後，如今回想起當年的生活，我感到相當羞愧。一個月只需要工作兩天，就能賺得必要的生活費，我為什麼不趁那時候多寫小說？為什麼不趁那時候磨練自己呢？

我忘不了往日的榮景，滿心期望能東山再起，並四處尋找商機。

這就是我來到災區的前因後果，如今三年過去了，我仍對過去的好日子念念不忘。這就是我猶豫是否該跳槽的原因。

究竟該去看重我的 S 的公司，還是留在未來有機會賺大錢的專務董事身邊呢？

我把兩者放在天秤上試圖衡量，天秤卻始終搖擺不定。

然而，我只有三天可以考慮。

我決心賭一把，於是把專務董事叫來醫院，向他攤牌S挖角的事。並且告訴他，經歷了這麼大的手術，我沒有自信今後還能繼續在工地做事。

專務董事想都不想就說：

「我明白你的身體撐不住了，所以也在考慮今後替公司租間辦公室，就像在東北開分公司那樣，有個據點也挺不錯的。我希望你常駐辦公室，不進工地也沒關係。」

聽到他這麼說，我恢復信心，進一步詢問宿舍的問題，虛張聲勢地說S的公司會替我準備宿舍。

「這可不成，你已經不用下工地了，還要我們幫忙準備宿舍？租辦公室也得花錢啊。要是再租宿舍，我家老媽可是會發飆的。」

又是「我家老媽」。聽到這個關鍵字，我終於下定決心要換東家。

仙台市／工人宿舍

我在初夏時出院了。

我沒有立刻轉到S的公司，而是請他給我一個月的時間交接工作。專務董事要租下辦公室，並登記為東北分店，就得向當地區公所提出申請。如果要正式登記，還必須準備工作規則等公司規章。

我想至少幫他處理完文件。告知實情後，S允諾了。

S爽快地通融我交接。

這應該和土木業的習俗大有關係。

從事土木這一行，嚴禁同業挖角。雖不至於發生鬥毆事件，但公司之間可能會引發爭執。因此，如果要轉換東家，勢必得到原公司的允許才行。

這部分的規矩雖然違背了憲法規定的職業自由權，不過比起憲法，這一行更重視的當然是面子。

因為有這條規矩，S才會爽快答應吧。

接著，我搬進S在仙台車站後站替我準備的宿舍，剛開始兩週腹痛仍然劇烈，甚至痛到無法出門買菸，幸好身體終究是康復了，於是我開始了搭公車從仙台通勤到石卷的生活。當時，連接仙台和石卷的仙石線仍有部分路段尚未恢復通車，必須靠公車接駁。因為我想省去換車的麻煩，所以選擇搭直達的公車過去。

接著，來聊聊我在仙台的宿舍吧。雖然是組合屋，卻蓋得牢固耐用，我獲准單獨住進一般規定兩人同住的三坪房間。

伙食是自助餐，負責供餐的女士每天上午過來，做幾大盤配菜，放著給我們自己取用。

早餐也是同一位女士一大早過來準備的。

味道和分量都沒什麼好挑剔的。

在大餐廳裡用餐的工人約有三十名。

不到一星期，我便發現這棟宿舍裡住著兩種工人。一種是我熟悉的工人，另一種外觀上是工人，氣質卻不大一樣。這兩種工人分成兩個小團體，兩邊都說廣島腔，彼此間雖然沒什麼衝突，卻也不會主動互相交流。

我把觀察到的現象老實地告訴S，他說：

「你所謂熟悉的工人，是咱們工程部長帶來的人，他們本來就是土木業者。另一群是半路出家的人，我從廣島找來湊人數的。不過，我自己也沒有資格笑他們就是了啦。」

S笑著自嘲，他本來在廣島獨立從事中古車買賣，主要是把日本的中古車賣到東南亞。老闆看上他的交涉能力，特意欽點他來仙台支援。

「半路出家的都是些什麼人？」

「嗯，雖然不是流氓，也不算良民，算是邊緣人吧。」

他的語氣很開朗，但假設他說的都是真的，感覺怪恐怖的，因此我決定不要過問太多。

S口中半路出家的小團體裡，確實有幾個怪人。

舉例來說，有個工人在房間裡養蛇。

如果只是喜歡養蛇，我並不認為有什麼問題，但那條蛇是他在工地發現並抓回宿舍養的。不，光憑如此，還不能斷定他是怪人。

問題出在他的飼養方法。

我不確定那算不算「飼養」，他把那兩條蛇——一條是日本錦蛇，另一條是虎斑頸槽蛇，一起養在狹小的昆蟲飼養箱。

兩條蛇擠在小小的飼養箱裡，互相纏繞成一團，一動也不動。

宿舍的房間裡鋪有地毯，我偶然會看到他把飼養箱擺在放鞋子的水泥玄關，裡面的蛇不知是死是活，但蛇皮看來富有光澤，八成還活著吧？一股蛇的腥臭味從他的房間飄來，我忍不住別過頭，卻還是不小心吸了一口。那是一種詭異的惡臭。

這裡除了我以外，其他人都是兩人共用一個房間，和他同房的工人也得聞著那股惡臭生活。所以，除了養蛇的飼主本人，我想他的室友應該也是個怪人。

還有一個會在半夜用鑷子拔鬍子的工人。他會看著洗手間裡的鏡子，不停地拔鬍子，直到臉頰都滲出血來。我大為吃驚，問S這是怎麼一回事，他告訴我一個驚人的事實。

「那小子之前曾經興奮劑中毒，一旦有什麼在意的事，就完全無法克制自己的行為。你也知道嘛，我以前常跑東南亞，也曾試過那個，只是不到上癮的程度。你別太在意。我會警告他，要是敢再給我吸毒，就立刻炒他魷魚。」

聽到S說他自己也吸過毒，我還真不知該作何反應。

「啊……這樣啊。」

我只能茫然地回答。

在此先不談工人的事，來聊聊我在新公司的工作吧。老闆手邊似乎有不少錢，經常有人來找他談生意。

我不知道為何有這麼多人來找他談生意，只知道老闆的本行並非土木業，除此之外就不清楚了。

除了包工程，老闆還在仙台經營一家土木材料貿易公司。回想起來，他還在東北首屈一指的鬧區——仙台市國分町，開了高級日本料理店，以及數間高級招待所。蓋在仙台車站後站的工人宿舍，土地也登記在老闆名下，雖然是組合屋，但因占地面積寬廣，聽說光買下這塊地就花了上億日圓。

不只如此。

S告訴我，老闆名下的土木材料貿易公司、高級日本料理店和招待所，全是以延續正職員工合約的條件收購，唯有土木公司找不到合適物件，最後打聽到一家暫停營業的公司，將它買下蓋了這棟員工宿舍，並從廣島調來即戰力。

聽說這一切計畫從三年前開始進行，由此可見，老闆在仙台發生地震後，砸下了多大的一筆錢。

看樣子老闆的背景不簡單，但我不知道他是何方神聖，也沒有興趣知道；總之，老闆威震八方，接洽的生意和對象遍及日本全國，並不局限於主要事業所在的宮城縣和家鄉廣島。

例如，有人曾來找他談生意時說：「沖繩那邊有座漁港，因為河川帶入泥沙，導致水位變淺，漁民苦不堪言。我們已經獲得漁業發展協會的同意，請問你們對漁港的疏浚工程有沒有興趣呢？疏浚挖出的泥沙預定送去邊野古做填海地，日後作為美軍基地的轉移處[12]。聽說負責做填海工程的公司願意買下這些泥沙。」

還有這種一聽就知道是在胡扯的買賣：

「福島第一核能發電廠出事後，發電被迫中止，今後將面臨電力嚴重不足的問題，必須盡快興建火力發電廠。問題是，不是只有福島電力短缺而已，這是日本全國共通的問題。可以想見，今後連煤炭都會枯竭、價格飆漲。

「東北災區四處堆滿了海嘯摧毀民房而產生的梁柱等木材廢棄物，焚燒處理這些廢棄物的工作，成了所有地方行政單位的燙手山芋。我們不如利用這些

12 二〇〇六年，日本、美國兩國政府決定將普天間基地遷往名護市邊野古沿岸地區。二〇一五年五月十七日，約三萬五千名日本民眾在沖繩縣那霸市集會反對在邊野古修建美軍基地。

廢棄物作為火力發電的燃料。」

諸如此類可疑至極的生意不斷找上門來，最終都以這句話作結：「為了完成計畫，我需要活動資金，可以請您投資嗎？」

我的職務內容，是與總經理及提案人同席開會，針對提案內容進行求證和評估，作成評估報告。

結果那些提案全都不足採信，像火力發電廠那個案例，根本不需要仔細調查，一看就破綻百出。

「您說福島因為一電中止，導致電力不足啊？可是，在地震發生以前，一電的電力可是全數供給東京的喔？」

像這樣問個問題，對方馬上就不知所措。

「一電」是福島第一核能發電廠的暱稱，連這都不知道，還談什麼生意。

為了求證，我也會陪同老闆去現場視察。這次的地點是福島縣南相馬市。

因為有人提出這樣的生意：

「今後福島應該會拆除民宅。而且拆除的民宅不只是海嘯的受災屋，福島第一核能發電廠發生事故後，列為禁止居住區域的住宅也會一併拆除。」

這個說法沒有明顯的謬誤，和其他災區相比，福島清運海嘯廢棄物、拆除毀壞民宅的進度確實落後很多了。

此外，政府針對居住限制區域的住戶發出公告，解除限制後，倘若居民沒有意願搬回輻射污染區域居住，只要拆除房屋，就會另外支付高額補償金。

解除期限雖採分區公告，但是消息一傳出，許多居民立刻申請拆除，政府應變不及，無法在期限內妥善統整、安排拆除工程，導致補償金的核發期限延長。

提案者繼續說：

「可是，拆除限制區域的民宅後，具有高濃度輻射污染風險的解體廢棄物是燙手山芋，其他縣市不可能接手。」

這點我也不由得贊同。

國家規定，福島第一核能發電廠造成的高濃度輻射污染廢棄物，必須送去國家指定的中間儲藏設施集中處理。

國家指定的中間儲藏設施，限定在福島縣內。規定上，廢棄物要在此放置三十年，之後由國家重新挑選、送往指定的最終處置設施。

這是國家決策，但我看到報導後，想起一件事。

就連距離核電廠兩百公里，檢查後確定並未測到輻射的陸前高田市的地震廢棄物，都被災區以外的各地方政府拒於門外。

有些人應該記憶猶新，陸前高田市在海嘯衝擊下，沿岸的松木防風林沖毀殆盡，只有一棵「唯一倖存的奇蹟松木」沒有倒下，全國媒體熱烈報導，該處亦成為振興的象徵和觀光聖地。儘管那棵松木最後還是枯了。撇開這些不談，我認為避難區域的房屋拆除後，福島縣以外的地方政府有很高的機率都不會接收。

地震發生的同年夏天，陸前高田市希望獻上護摩木[13]給京都市的大文字保

13 祈福用的火供木，外觀為長條型的木片，上面寫著消災除厄等字樣。

存會[14]作為供品。那是官方認可的護摩木，每一片木條上都寫了地震罹難者的姓名和復興祈願。怎知京都市民憂心護摩木上殘留放射物質，對此提出強烈抗議，大文字保存會只能拒收已受理的護摩木。

在此，為了京都市的名譽，我得做個補充說明，他們不是拒之不理。大文字保存會提出了替代方案，將護摩木上的文字原封不動地改寫在其他護摩木上，透過大文字燒供養，以慰災區罹難者在天之靈。

就連沒有污染疑慮的護摩木都受到這種待遇，恐怕沒有其他地方政府願意提供土地來作為核災廢棄物的最終處置場吧。再說，有權決定的人是政治家

14 京都每年於八月十六日晚間八點，在大文字山舉行知名的傳統祭典「五山送火」。在山上點燃篝火拼出巨大文字，超渡死者。

嗎？或者是那些行政中樞霞關[15]的高級官僚？先不管是誰，這個決策人士三十年後還活著嗎？就算活著，仍握有現役職權嗎？

我認為這個決策，只是把問題丟到三十年後罷了。

提案者繼續說：

「環境省[16]委託業者拆除避難指定區域的廢棄物時，有個附加條件：業者有義務確保拆除後瓦礫的集中堆放處。」

「嗯、嗯。」我在老闆旁邊附和點頭，仔細聆聽提案內容。

他說得沒錯，輻射除污業已成福島現今的重要產業，由大型承包商一手獨

15 霞關是日本東京都千代田區的地名，許多日本中央行政機關的總部坐落於此，為日本的行政中樞。

16 日本環境省（Ministry of the Environment，MOE）負責制定日本全國環境政策之制定，包括地球溫暖化對策、公害防治、自然環境保育、環境影響評估廢棄物管理及放射線管制等事項。

攬，唯有避難指定區的除污作業由環境省直轄負責。

提案者接下來進入正題：

「我在環境省有門路。不僅如此，在核電廠二十公里內的避難指定區域南相馬市有我認識的養豬戶，對方擁有五萬平方公尺的廣大土地，核災發生後被迫歇業，我已經跟對方談好租借那塊土地五年的土地租賃契約。」

聽到這裡，老闆也不由得傾身聆聽。

「所以……」

又是同樣的路數。

「我需要五千萬日圓，租下那塊地。」

此要求一出，整件事突然變得可疑起來。

然而老闆興趣不減，表示會去當地的養豬場舊址實地視察。

在老闆視察之前，我先上網蒐集了資料，找到一名原本住在南相馬市小高區、當時已搬到南相馬市原町區避難的男子。我在他的部落格留言，聊過後約了見面。

我們約在南相馬市原町區的休息站「道之驛[17]・南相馬」見面詳談，對方告訴我：提案者說的內容跟實際情況大致符合。只是，避難區的住宅拆除作業向來由南相馬市小高區當地的兩間產業廢棄物業者獨占，其他公司想要接手，難度恐怕很高。

這是大致的結論，那兩家公司的名稱我也聽過。

與這位來自小高區的先生會面之前，我上網查了環境省的契約及招標情

17 官方英譯為 Road Station，具有休憩、振興等功能的公路服務處，需經日本國土交通省認可登錄。

報。避難指定區域的得標公司，正是他提到的兩家公司。

我把這些寫進報告裡，老闆依然表示想去勘查。

住宅拆除事業固然有其吸引力，但假設老闆看的是「提案人在環境省有門路」，應該是想趁這個機會和環境省的當地負責人打好關係，以利日後的事業發展吧。

就我所知，老闆在仙台市投入了鉅額資金，從土木公司、相關材料貿易公司、高級日本料理店以及酒店俱樂部，無一不包，說難聽一點，簡直就像哪裡有屍體就奔去哪裡搶食的鬣狗。不過說白了我也是看準災難財而來的其中一隻鬣狗，半斤八兩，沒有資格批評對方。

一方面也是因為我目前經手的案子連一個也沒有做成，我自己有點急了，想趁這次機會交出成績單。

約定當日，我去仙台車站前的飯店大廳接提案者，帶他坐上S開的高級小貨車，和老闆一同前往南相馬市。

直接說結論吧，視察結果慘不忍睹。

首先是養豬場，豬舍占地面積確實不小，但進去的通道太窄了。運送房屋拆解後的產業廢棄物，需要用到十噸以上大型砂石車，那條路太細，大型砂石車過不去。

我指出這個問題，提案者表示附近山林的土地也是養豬戶的，可以進行道路拓寬，但在我聽來只是隨口胡謅的托詞。

我們前往環境省的地方單位拜會後，更加確定了這個提案行不通。

男子在入口旁的小型櫃台報出會面者的姓名，我們左等右等好一陣子，對方終於現身，劈頭第一句話就讓我宣告放棄。

「又是你啊。我們單位很忙，我都說過多少次了，別來煩我。」

沒想到竟吃了閉門羹。

事情發展至此，提案者已站不住腳，但在返回仙台市的車程上，那人仍不死心地辯稱：

「我有門路的是在霞關上班的高級官員，區區一個被流放到南相馬市的低階公務員，在我朋友眼裡只是垃圾，沒什麼好怕的。」

但無論他再努力圓謊，事情發展至此，車裡已無人應聲，我們在僵硬的氣氛下回到了仙台。

把男子丟在仙台的飯店門口後，我們接著前往老闆經營的高級日本料理店。

案子接連不順利，老實說我沒什麼心情吃飯，但老闆表示有其他事想請我幫忙，我只能硬著頭皮去了。

老闆對沒胃口享用仙台鄉土美食的我，交代了兩件事：

「南相馬市的房屋拆除案先姑且不談，我對避難區的土地收購案特別感興趣。位置離核電廠越近越好。請你去找這樣的地。」

這是第一點。第二點是這件事：

「聽說現在可以雇用東南亞和非洲等開發中國家的外籍實習生[18]。公司也想收幾個這種外籍實習生，不，幾個太少了，我希望一個單位有數十人，讓他們全下工地。這些實習生來自開發中國家，一定可以便宜打發。麻煩你開發這方面的業務。」

兩個要求都事有蹊蹺，相當不妙。

首先，老闆想收購出事核電廠附近的土地，用途卻不明。一定不是什麼好事。

18 日本表面上沒有移民勞工，實則變相利用「外國人技能實習制度」補足勞動人口不足的問題。這些多數來自東南亞的外籍實習生，薪資常被壓在各都道府縣所規定之最低標準，甚至被仲介抽成，有些人為了賺錢，不惜涉險從事違法工作。

第二點也是。

開發中國家的人民可以便宜使喚，簡直是無良企業才有的想法。

我開始對辭去石巻市的工作、搬來仙台居住的決定感到後悔了，但事到如今也不能回頭了。專務董事或許願意讓我回去；問題出在這邊的老闆和業務本部長S，這兩人的態度相當強硬，恐怕不會輕易放人。

這個時候，我的女兒剛從高中畢業，尚未成年獨立。我答應過前妻，由我負擔孩子的開銷直到她出社會自立。這不是說說而已，我是認真的。因此，我沒有想東想西的資格，只能對老闆言聽計從。

我從看似相對容易著手的第二點開始執行，研究起聘用開發中國家外籍實習生的規定。想用便宜薪水雇用外籍人士，這種無良企業的思維作風，我很不欣賞，但在說大話之前，我必須先正視自己的處境。

我馬上調查了這個制度。

查了之後也立刻明白，沒有所謂「開發中國家的外籍人士薪水比較低」這回事。法律規定，公司有義務支付同等薪資給與日本人從事同等職務的外國人。更麻煩的還在後頭，公司是否以適切的方式雇用外籍實習生，必須經過特定窗口審查，且公司有義務支付審查費用。

我當然不能就此放棄。

社會必然存在著黑暗面，公司扣留外籍實習生的護照防止他們逃跑的新聞也是時有耳聞。

隨便去鬧區走走都能看見菲律賓酒吧。仙台市的鬧區國分町自不待說，就連石卷市的鬧區立町，都有好幾家菲律賓酒吧。

這些外籍小姐無法透過接客取得工作簽證。也就是說，陪酒業不符合居留資格。那這是怎麼一回事呢？原來，她們拿的是演藝工作簽證，名義上是來日本從事「演藝事業」的。

所以，菲律賓酒吧和一般餐飲陪酒業不同，不稱這些菲律賓小姐為「女接待」或「女公關」，而是稱呼她們為「藝人」，以此降低違法疑慮。那實際情形又是如何？無論她們自己願不願意，工作內容擺明了就是酒店女公關，有些還提供更多遊走於法律邊緣的服務。

這就是社會的遊戲法則。

我決定先去介紹外籍實習生的仲介公司拜訪。

其中一家公司的主要營業所設在宮城縣和山形縣。那是一家資本額五十萬日圓的股份有限公司，於三一一大地震隔年成立，光看這些資料就顯得十分可疑，但我認為疑點越多，就越有機會找到我想要的人。

然而，連在這種地方都進展得不順利。

朝我遞出總經理名片的男人，看起來壓迫感十足，感覺是個老江湖。他的說法是，為了防止不肖業者違法壓榨外籍實習生，他們會負責管理薪資，業者不得擅自支付薪資給他們派遣的外籍實習生本人，而是由他們公司統一請款，請我們如實按照帳面金額支付給仲介公司。

聽起來，這個男人一定有違法抽成，看來我得放棄這條路了。為什麼呢？因為我終於體認到，「便宜雇用外籍實習生」的想法打從一開始就是錯的。如果真想賺錢，要做的不是「雇用」而是「人力仲介」才對。

可是，想當人力仲介，勢必得申辦相關省廳繁雜的手續，從男人的話中聽來，在國外機關也得有門路才行，因此我研判這條路不可行。

為了尋求外籍勞力，我又去了另一家店，嚴格來說並不是人力仲介公司，而是一家位於石卷市郊區的燒肉店。這家燒肉店的老闆娘來自韓國，除了經營燒肉店，更利用店面後方的空地蓋了五十間貨櫃屋，出租給工人住，當起包租婆。

地震後過了三年，石卷市到處可見月租型宿舍，專門供來東北做工的人居住，這是其中一間。

之前我和 K 一起住、身心都疲累至極的時候，也考慮過搬出去住，所以來看過這裡的屋子。殊不知不到一坪半的狹小貨櫃屋，租金竟然比我和 K 住的獨棟平房還要貴，我只能忍痛放棄。記得當時門口貼的紙上寫著「工人派遣仲介服務」。

我曾好奇地詢問，老闆娘說這些工人全是從南韓持工作簽證來日本賺錢的。

那個時候我只是純屬好奇，現在則不同了。儘管不是外籍實習生，起碼「外籍勞力」這一點符合老闆的要求。

結果失敗了。雖說對方是來自韓國的外國人，能在石卷開燒肉店，同時擔任工人宿舍的包租婆，當然不會是省油的燈。

她很熟悉日本行情，開出的工人價碼公正合理，沒有絲毫討價還價的餘地。既然不能省錢，那就不符合老闆的要求，只能放棄。

當然，這兩件事我都寫在報告裡，好讓老闆了解我放棄的原因。約莫過了三個月吧，老闆突然打電話來，命令我三天後跟他去曼谷出差。

不知是幸抑或不幸，我的護照過期了，換發新護照需要超過三天的時間，因此無法同行，也無從得知老闆出國的目的了。

提交報告後，我著手研究下一個任務，也就是福島第一核能發電廠附近的土地收購案。

但這個任務也不好辦。

我總不能真的跑去一電旁邊的市鎮探勘；就算去了，禁止進入區域內也沒有居民可問。我只能往外圍市鎮找，例如上次造訪過的南相馬市，此外也去了福島南邊的磐城市找房屋仲介碰碰運氣，卻沒有問到任何符合的物件。

更慘的是，房仲業務言行間流露出對我的警戒，顯然懷疑我是黑道分子，或是專為黑道跑腿辦事的人，背後可能隱藏了黑道勢力的不良意圖。不可否認，專門鎖定出事核電廠附近的土地——而且越近越好的人，幹的多半不是什麼正經生意，房仲業者會這麼懷疑也很正常。

有家房仲公司的老男人還嘲笑我：

「如果你是為了領取國賠才想買地，奉勸你死了這條心吧。核廠出事後才購地遷戶的居民，一律領不到賠償金啦。」

這個說法我沒有進一步求證，但我相信必然如此。

聽說當時因為核電意外被迫遷離故鄉的居民，都領了五千萬至一億日圓的賠償金，可想而知，一定有許多人為了貪這筆錢而想買核電廠附近的土地吧。但我認為，在仙台等我回報的總經理，打的絕對不是這麼單純的算盤，他究竟有何深謀遠慮，如今我也無從知悉了。

即使四處碰壁，我也沒有輕言放棄。不對，正確來說是身不由己。走投無路的我，只能嘗試與核電意外的避難居民接觸。

核電意外的避難居民並不難找。當時，這些難民常在磐城市等地開著高級車到處跑，他們蓋了新房子，拿著免稅的賠償金作為資金來源，其中一部分用來享樂，大白天飲酒作樂，流連於色情泡泡浴場，因而招致當地居民的反感。

有段時期，磐城市的公民會館門口掛著「核電避難者滾出去！」的反對布條。

這也不難想見。

三一一大地震發生以前，磐城市當地經營了幾家色情泡泡浴場；而東京吉原會派出一些高級泡泡浴小姐，定期出差來這裡賺錢。

這些東京來的泡泡浴小姐價格不菲，自然不是本地人可以負擔，他們會因此怨恨那些災難暴發戶，一點也不奇怪。

我很快便找到了核電避難者。

「聽說核電暴發戶開著高級車到處兜風，還蓋了新房子。請問附近有他們的房子嗎？」

我偽裝成媒體記者訪問當地居民，他們馬上滿腹委屈地告訴我：「就是那幾棟。」

我來到其中一間略顯時髦的屋子前，按下門鈴，對著門旁的對講機擠出最燦爛的笑臉：

「不好意思打擾了，我想介紹有用的投資理財情報給您。」

如果貿然說出「把土地賣給我」，對方恐怕會心生戒備吧。

多數避難居民為了維持免稅優惠，並未更動戶籍。要和這些人交涉土地買賣，必須慎重其事。

就算對方開門了，也不宜立刻進入正題。一方面是因為我無法得知眼前的人是否仍保有舊土地，所以得先說些慰問的話，等取得對方的信任之後，再把話題帶到他們的故鄉。

「您一定很想回家吧？」「這裡的居民對你們很壞吧？」如此進行誘導，配合對方的反應說話；若有必要，還得裝出同仇敵愾的模樣。

「賠償金也差不多要領完了吧？」

接著，不著痕跡地提起這件事，利用假訊息使對方心生動搖，慢慢進入交涉階段。

「既然這樣，方便聽我聊聊保證賺到一輩子不愁吃穿的投資情報嗎？」

因為我一開始便裝成理專上門，接上這個話題並不奇怪，對方自然也會感興趣。

然後，再把話題帶到土地買賣上。我不會主動向對方提出每坪的價格，主動出價是最愚蠢的做法。

這是我在東南亞買伴手禮時學到的經驗，只有傻子才會按照標價購買。所謂的標價，往往都是希望售價的好幾倍。

以印尼的情形來舉例說明，如果標價是百萬盧比的話……

請先皺起眉頭喊：「Mahal！」

印尼話的意思是：「太貴了！」

接著，老闆會主動問你多少才肯買。這時候千萬別說「五十萬盧比的話可以考慮」，一旦這麼說了，五十萬盧比就會成為最低價格。

接下來交涉的價格，就會落在五十萬盧比到一百萬盧比之間。

比較好的做法是「讓對方開價」。

比方說，如果老闆喊七十萬盧比，這就是最高價格了。你可以反覆喊「Mahal（太貴了）！」對方若不答應就搖頭，轉身作勢要離開，老闆一定會使勁留住你，這時你再問一次：

「Berapa harganya（到底要賣多少）？」

語氣要略顯不耐。

我當然不能對避難居民使出這麼複雜的殺價技巧。我只需要謙卑地說：

「我願意用您開的價格買下來。」無須主動出價。

只要老闆可以接受，對方要開多少錢都行。我只需要把對方開的價碼視作最高金額，和他談折扣就好。倘若對方開出不合常理的高價，只要他敢開，表示他至少有賣土地的意願。

可惜我走訪多戶避難家庭，都沒有人願意賣土地。

〽就算被踐踏也撐下來了
沒錯　儘管受了傷
咬牙忍住寂寞
仍要暢談夢想

這裡我想再次引用〈昭和枯萎的芒草〉。

把核電意外的避難居民當成肥羊，之前還想用便宜的薪水奴役外籍實習生，各位讀到這裡，恐怕已經看呆了吧——這個男人怎麼看都不是好東西。

我這人究竟有多爛、有多糟糕，用不著別人提醒，我有自知之明。

我不打算撇清責任，也不打算找藉口。但我有我的義務，必須賺到四十萬日圓，照顧女兒的生活。

還請各位重新思索我引用的〈昭和枯萎的芒草〉的歌詞，然後回想一下。

令和元年下半年，日本發生了震撼社會的「賞櫻會風波[19]」。

在我寫書的當下，此事正鬧得不可開交，不知如何收場。目前看來，多數批評聲浪對準了在國會質詢時顧左右言他的中央官僚，而首相這名當事人逃得

19 日本從一九五二年起至二〇一九年間舉辦的國家賞櫻會。每年四月由日本首相邀請各黨與各界優秀人士、體育選手、藝人諧星等，前往新宿御苑一同賞櫻，活動支出全由政府負擔。在安倍晉三就任首相的期間，賞櫻會的規模日漸擴大，費用暴增，受邀對象其中有許多是安倍家鄉的樁腳，引發外界抨擊有違法綁樁之嫌，此風波也導致安倍民調直落。此活動現已停辦。

比誰都快。

我不禁同情起那些官僚。在眾聲齊罵官僚泯滅良知、貪得無厭之時，他們也有必須守護的家庭。他們的家人就是人質。

即便遭到踐踏也要撐下去，即便受了傷，也要咬牙吞下孤單的滋味。

世人秉持正義譴責的對象，真的是最該譴責的人嗎？

沒錯，最該譴責的人是逃避問責的首相；然而，那些未盡內部監督之責，從而掩護包庇陋習的執政黨議員也該受到質疑，不是嗎？此外，該罵的還有日漸形同虛設的檢察機關吧。

昭和時代也發生過類似的政治風波，情況更是甚囂塵上。

那就是「洛克希德事件」。

當時，美國航太公司洛克希德公司（Lockheed Corporation）為了出售自家戰鬥機而賄賂時任首相的田中角榮，最終演變成首相遭到扣押、判決有罪的重大弊案。

洛克希德事件爆發於〈昭和枯萎的芒草〉摘下 Oricon 公信榜冠軍的隔年，也就是昭和五十一年（一九七六年）。

國會傳喚的相關人士面對「賞櫻會風波」的質詢時，不像官僚那樣舌粲蓮花顧左右而言他。不管問什麼，他們一律只答「我不記得了」。

也許，這正是最高明的答辯技巧。反正說什麼都會被惡意解讀，那麼，藉由一句「我不記得了」就能逃過問責的做法，也許才是最聰明的吧。

還記得剛出社會的時候，我在電視新聞上看到東大放榜的新聞。上榜的學生欣喜若狂，當麥克風另一端的記者詢問：「您今後有什麼抱負呢？」該名學生的回答令我很是驚訝。

他是這麼說的：

「我會用功讀書，長大以後報效國民。」

到昨天為止都還是高中生的青少年，居然說出了「報效國民」這樣的字眼，令我相當訝異，至今記憶猶新。

在不同人的耳裡聽來，這句話也許略顯傲慢；但是換個角度想，表示他已有足夠的覺悟，有心想成為高級官僚。

那些因「賞櫻會風波」受到在野黨猛攻的官僚們，很多都是東大畢業的。他們一定也曾擁有遠大的抱負，為此勤勉向學吧。結果卻落得那副德性。他們的心裡想必很難受。一定覺得很孤獨吧。我忍不住感到心有戚戚焉。

前往福島

〈聘用外籍勞工之分析評估〉

〈收購避難指定區域土地之分析評估〉

提交上述兩份報告的隔週，我收到人事異動令，上面要把我調派去福島縣郡山市。下令的人不是老闆，而是業務本部長S。公司已經先派住宅輻射除污小組過去，S要我加入他們。

「您這是要我去做住宅除污工嗎？」

「對，你有什麼不滿嗎？老闆派了這麼多案子給你，你一個都沒做出成績啊！」

的確，老闆交給我的案子，全被我以報告打槍結案，沒一件談成。但單憑這點怪我「沒做出成績」，我就不服了。老話一句，那些生意糟到不行。我在報告中提出質疑，替公司迴避風險，難道不算是貢獻嗎？

我溫和地陳述自己的立場。

並小心不讓語氣聽起來像是在頂撞。

「你還敢狡辯？你的行為分明只是在找碴。老闆不是要你找碴，而是要你運用智慧，把送上門的生意變成錢啊！」

我很詫異，那些亂七八糟的案子要如何生錢？S 根本沒看過我寫的報告吧？如果有看，應該不至於說這種話。

我冷靜地問他有沒有看，他這樣回答：

「你的報告寫得密密麻麻，我哪有時間全部看完？我只看了最後一頁。每份報告的結論都一樣，不建議執行，不是嗎？」

他說得理直氣壯，令我傻眼至極。接著我才想到，也許老闆並沒有完整看過我的報告；就算有看，也只是大略翻過而已吧。

「我們來仙台已邁入第三年，老闆覺得宮城縣已經差不多了。他說接下來的目標是福島。當然，老闆不會丟下砸下重金的宮城這邊不管，只是考慮把事業重心轉移到福島，所以派了住宅除污員去郡山那一帶試試水溫。老闆的目標不只是住宅除污的工酬，他還想在那裡找到賺頭，正式進軍福島。老闆對這件事期望很高，還說等事業做大以後，要把總公司遷過去呢。所以，麻煩你以此為目標去福島辦事，替公司找出財源。」

我漫不經心地聽著S的長篇大論，心裡想著自己的月收入。

此刻，我和在石卷做工時一樣，月領四十萬日圓，很擔心被減薪。

那時我仍持續匯贍養費給妻女，每個月身上只留下五萬日圓。

我日常生活必需開銷包括：香菸、文庫本、罐裝咖啡、睡前一罐助眠用的氣泡酒、每月固定回診拿降血壓藥和血栓預防藥物的看診費，還有付給藥局的藥費……無論怎麼算，至少需要五萬日圓。如果月薪被砍，匯給女兒的生活費勢必得減少。

我極力想避免這種狀況，因此小心翼翼地詢問S薪資的事。

「領多少薪水就要替公司賺三倍回來，這是社會常識，這一點常識你應該懂吧？一開始無法立刻賺到錢很正常，公司願意給你幾個月的前置時間，請你好好利用這段時間，想想該怎麼替公司賺錢。」

S說了天底下的老闆都愛掛在嘴邊、乍聽很合理的屁話。

這句話經常被拿來討論，倘若按照老闆這個說法，每個員工都該領到業績總額三分之一的薪水，不是嗎？但這種事情絕不會發生，有加發獎金就不錯了。

各位還記得藍光LED剛發明時發生的事嗎？那是改變世界照明方式的重要發明，成功開發藍光LED的三位日本人[20]獲得了諾貝爾物理學獎。

就連如此重大的發明，三人中的其中一人，當時任職公司給他的報酬也僅有一小筆獎金。那個人因此心生不滿，後來跑去美國大學工作了。這是日本頂尖人才外流的真實案例。

公司取得了莫大的利益，而且是未來也能持續賺錢的金雞母；可悲的是卻只願意用一點小獎金打發立下大功的員工。

我明白自己只是一介凡人，不該與偉大的科學家相比，但這不代表那些單方面要求員工賺三倍的公司老闆，心態上就沒有問題。

---

20 二〇一四年，日本工程學家天野浩、赤崎勇與中村修二開發出高亮度的藍色LED（發光二極體，Light-emitting diode），創造節能又明亮的白色光源，被譽為「愛迪生之後的第二次照明革命」。

只可惜當時的我在來到災區的四年間，有三年半在石卷做工，另外半年在仙台奔波，早已失去思考的餘裕。更悲哀的是，縱使被告知未來可能減薪，我卻因為能保住當下的薪水而鬆了一口氣。

各位是否從我的故事中，看見了自己的寫照？

在現代日本，「終身雇用制」的概念已然瓦解，再也不復當初。

遙想昭和時代，在同一家公司做到退休是一種美德。公司也以「年功序列制」來回應員工的忠誠。換言之，個人的能力和績效都是其次，只要年資累積夠久，自然會升官加薪。儘管只是遵循體制的照表升遷，這股風潮仍促進了員工對公司的忠誠。

曾幾何時，人們開始強調「績效主義」「能力至上主義」，慢慢將其視為理所當然，也使得日本的聘雇標準產生劇烈的變化。「終身雇用」成了失敗者的論調，遭人輕視。人們以「累積社會經驗」為藉口，頻頻跳槽，在不同公司累積見識，甚至自行創業，誰能得到高額報酬，誰就是人生的贏家。

終於，社會形成一種價值觀，用「勝利組」和「失敗組」來評斷一個人。不知不覺間，大部分的日本人都被劃分進「失敗組」，這不正是現今日本的寫照嗎？而「失敗組」的下場，就是淪為「下級國民」。

日本過去曾有過「一億總中產」的美好時代。意思是說，幾乎所有國民都認為自己過的是中產階級的生活。那時我還在讀高中，約莫是昭和四十五年（一九七〇年）左右的事吧。

當時盛行過這麼一句話：

「日本是全世界實行社會主義最成功的國家。」

我不打算在這裡爭論社會主義和資本主義的問題，關於這方面的知識我知道的也不夠多。

請容我再次引用〈昭和枯萎的芒草〉其中一段歌詞。

〽不奢求幸福
只求活得像個平凡人
凝視著流星，我們是枯萎的芒草

在所有國民都認同自己是中產階級的昭和四十五年，日本正處於經濟高度成長期。但是，在這首歌發售的昭和四十九年，如同先前所述，高度成長期已邁入終局。

不奢求多幸福，只求活得像個平凡人。

這是泡沫經濟破滅後，迎來「就業冰河期世代」的國民心聲；奇妙的是，若將之視作現代日本「下級國民」的心聲，也沒有任何突兀之處。

日本現在用一句話取代了「一億總中產」。

即「一億總活躍社會」。

首相官邸的網頁上這麼解釋：

「不分男女老幼、殘疾或人生曾經歷失敗的人，社會都能兼容並蓄，支持所有人活躍其中。」

據說這段話節錄自平成二十九年（二〇一七年）十一月十七日的首相施政

理念演講。

在此我想解釋清楚，以防各位讀者混淆。「一億總中產」是當時的國民意識；「一億總活躍社會」則是政治宣傳口號。

政府搭配宣傳口號，推出各種政策，例如：

〈人生百年時代草案〉

老年人的醫藥費兩成自費，並提高年金請領年齡。

〈勞動方式改革〉

以實現多樣化的勞動方式為名，反過來鼓勵國民多從事從前公司普遍禁止的副業兼差。

真要批評起來，還有很多實例可以列舉，各位讀者不妨思考自己正面臨的實際轉變，應該就能理解「一億總活躍社會」這句口號有多麼空虛了。

令和元年（二〇一九年）六月，金融廳發表了一份報告，指出一人所需的養老金為兩千萬日圓。政府並未認同這份報告，但根據經濟產業省試算的結果，平均一名日本人，需要準備二千八百九十五萬日圓的養老金才夠用。

關於基本養老金問題，根據民間機構的試算結果，六十五歲男性剩下的平均壽命不到二十年，女性則超過二十五年。試算者之所以將六十五歲作為起點，應該是因為這是開始給付國民年金的年齡。

根據試算結果，如果是小家庭，假設夫妻雙方活到平均壽命，扣除可領到的年金，還需要超過一千零八十萬日圓的養老金才夠用。而且這個試算結果還不包括照護費用、住宅裝修費，以及資助子女的錢。

就業人口的薪資所得一旦下降，年金的來源也會減少，造成受領年齡提高，無年金可領的期間變長，需要準備的養老金也就更多了。由此預測，當我們活得越老，生活也會越發辛苦。

在我出生成長的昭和時代，幾乎所有國民都過著「一般水準」的生活。因為活得像人，所以也能擁有夢想。夢想並非遙不可及，而是有成真的可能。

然而，在現今的日本，連想活得像個普通人都顯得困難。

日本雖是繼美國、中國之後躍居世界第三的經濟強國，卻也是先進國家中貧困率偏高的國家，在七大工業國組織（Group of Seven，簡稱G7）裡排名倒數第二。只看單親家庭的話，在經濟合作暨發展組織（Organization for Economic Cooperation and Development，簡稱OECD）三十三個加盟國裡更是敬陪末座。

多數人不是非常貧困，就是相對貧困。不對，應該這麼說，貧窮問題恐怕已是現代日本的「常態」了。

光想就令人憂鬱。

在我撰寫此書的當下，正好是消費稅增稅[21]後的令和元年（二〇一九年）十二月。據說增稅之後，國庫在短時間內編列出兩兆日圓的修正預算。但有識之士指出，此一修正預算是因為稅金出現超過兩兆的缺口才編列的。即使提高消費稅，並減少營利所得稅，各行各業仍因為國民消費力不足而業績下滑、營收減少，由此看來，這位仁兄提出的說法，並非毫無可信之處。

日本接下來，究竟會變得怎麼樣呢……？

儘管憂心國家的前景，但我們人民除了行使投票權，也沒有其他的辦法。

還是繼續和各位分享我的故事吧。

21 日本政府於二〇一九年十月起，將消費稅由八％調漲至一〇％。

郡山市／住宅除污

我在S的指派下來到郡山。

當天晚上就和先到的六名住宅除污組員會合。

他們的氣質與我在石卷遇過的土木工人相仿。S派來的全是有土木經驗的師傅，不是從廣島找來的外行人。看來S是認真想在郡山拓展業務，我放心多了。

這些工人本來隸屬於千葉縣某家室內裝潢公司，公司倒閉後，他們組隊來災區謀職。

六人小組的組長叫W。

W給我的印象滿好的，是個有為青年，其他組員的個性也頗為穩重。我不禁思考，原來土木業和裝潢業的氣質不大一樣啊。

但接下來的事可就讓我笑不出來了，連我在內的七名組員，得一起擠在一間兩房一廳一廚的老舊公寓。

沒有單人房。

換言之，連我在內的七人，必須在一間小公寓共同生活。我提問：「是因為工期很短，所以先讓我們暫時擠一塊嗎？」答案是否定的。

「在郡山……不，其他除污區域可能也差不多吧，沒幾個房東願意把房子租給除污員啦。」

組長W說明。

聽說在福島，輻射除污員人人避之唯恐不及。

「唉，這也是沒辦法的事。」

W苦笑。

「其他人都用有色眼光看待我們，認為除污員身上也沾染了輻射物質。所以，我們千萬不能穿著工作服進超市，要是一個不小心摸了商品，旁邊的大嬸可是會大叫：『東西被除污的人碰過了！』」

W接著告訴我，除污工作者受到這種對待，說來也是自找的。

「現在雖然每家超市都已經禁止了，聽說之前有除污員在超市的內用區開派對，還有人在牛丼店點了牛丼後，就賴在內用區不走，甚至還帶燒酒進去兌水喝，喝醉了就在店內喧嘩吵鬧。老闆上前勸阻，那些人不只和老闆爭論，還動手打人，鬧到店家最後報警處理。也難怪人家會用歧視的眼光看我們。」

聽說市公所特別設置了「除污一一〇專線」，專門處理當地居民對除污員的客訴。

市公所的人接獲通報後，會打電話給市內的住宅除污承包商了解情形。聽說市公所的公務員在電話那一端破口大罵，負責人收到了嚴重的警告。

這股怒氣當然也反彈到被客訴的除污員身上，負責人把他們罵個狗血淋頭。

一個處理不好，原先排定的工程可能會被中止，重則勒令革職。

「反正多的是可以取代你們的人。」

這似乎是負責人的口頭禪。

「因為這樣，很少房東願意租房子給除污員，我們只能找到這種物件。」

W口中的「這種物件」在市內有好幾棟，當地居民稱之為「除污公寓」。

才和W的組員共住兩、三天，我馬上察覺初見時的那種「穩重感」是我的錯覺。他們不是穩重，而是累壞了。

仔細回想，W這人雖然還不錯，但其他組員都眼神呆滯，動作也很遲緩，幾乎不開口說話。而且不是只有我們家組員這樣，早上在郡山市內的砂石地廣場開朝會，做例行的收音機體操時，其他公司的除污員看起來也一副死氣沉沉的樣子。

住宅除污有兩種報價：一種是單純按照物件面積計算的基本報酬；另一種則是按照不同施工項目加總的論項計酬。

論項計酬的項目包括：擦拭清掃雨水槽的總長度、用高壓水槍清洗的混凝土區塊及平屋頂的總面積、挖除的地面面積、更換的草皮面積、洗淨並重新鋪好的砂石地面積、除草面積，以及打掃過的水溝集水槽的大小和數量等。

我被交代的任務是在線條平面圖上標出論項計酬的部分，並用量尺測量雨水槽的總長和混凝土的面積，好方便計算報酬的總金額。

此外，我還收到一台數位相機，必須去各個施工地點拍下除污前、除污中和除污後的照片。然後使用輻射劑量計在除污前後測量數值，拍下輻射劑量計上顯示數值的照片。

W希望我做這些工作，好熟悉所有的除污流程。

實際開始參與後，光是拍照就手忙腳亂。

我在石卷也拍過工地照片，不過當時只需要拍攝施工前後的照片，施工期間不用拍照，當然也不用拍輻射劑量計的數值。

畢竟住宅除污的空間狹小，由六名人員分頭作業。儘管不是所有人都負責不同的項目，還是有幾個不同的項目同時進行。

然後還得替輻射劑量計拍照。根據規定，除污後測量到的輻射量，每小時不得超過〇・二三微西弗（μSv/h）。國家認定為安全的一年輻射照射量為一毫西弗[22]（mSv/y），因此，倘若每小時測到的數值超過〇・二三微西弗，就無法達到安全標準。

要是超標時該怎麼辦呢？

那我們就得持續除污，直到符合安全值為止。

這時有兩種做法：在同一區塊尋找不會超標的定點拍照，或者重複除污某一個定點，直到測出不會超標的數值。

22　一毫西弗等於一千微西弗。

當我終於逐漸熟悉包含拍照在內的所有作業流程，仙台那邊的人聯絡Ｗ，希望他帶著整組人馬開拔去氣仙沼市。

「因為……人事費和經費有盈餘了。」

Ｗ含糊其詞。

「賺三倍啦？」

我問。Ｗ無精打采地點頭，但這並非他支吾其詞的原因。原來，上頭只命令Ｗ的小組去氣仙沼，把我獨留在郡山，從事除污工作。

我立刻聯絡Ｓ。留我一人下來，根本不可能繼續除污。我打電話向他抗議。就算我再有能力，也搞不定月薪四十萬日圓的三倍，也就是一百二十萬日圓的營業額。

「搞不定」[23]是我在郡山學會的說法。應該也有其他土木工人使用這種行話。在郡山，完成一件案子會說「搞定它」。

「我們已經了解住宅除污的利潤很少，所以不用再做了。請你改做水田除污。」

S要我去拜訪位在郡山的Q公司。

「住宅除污賺的錢少得可憐，你必須靠水田除污大賺一票，懂嗎？接下來真的要重新評估你的薪水了，趁這次機會好好表現吧。」

他的「鼓勵」完全無法振奮人心。於是，我在完全不清楚水田除污是做什麼的情況下，聽命去了Q公司。

---

23 日文為「叩く」，一般是指「敲、打、拍」的動作，常意為「向人請教」或「狠狠教訓他人」。

Q公司直接沿用修車場當作辦公室，我拜訪了他們家的總經理。這位總經理看起來很年輕，說不定是平成年後（平成元年始於一九八九年）出生的。

「我本來是錄音室的音樂製作人喲。」

年輕總經理如是說，他的辦公桌後方掛著經年使用的電吉他。也許是之前待過演藝圈的關係，他說話時使用的是女性用語。

「我這一路走來多災多難，總經理只是叫好聽的啦。這家公司的老大說，他可以幫我還錢，但我得來福島替他辦事呢，我也是迫於無奈才來當總經理的。」

我正訝異他居然對一個初次見面、即將合作的人說這些，緊接著，他說出更令我跌破眼鏡的話：

「想接除污工作，不是得先經過掃黑安全檢查嗎？我們家老大在地下很有名喲，所以表面上不能掛名。老大和仙台的Ｓ先生認識，聽說他們是老朋友，從很久以前關係就很好呢。」

換言之，這位老大是混幫派的，而且赫赫有名。這位大人物竟然和仙台的Ｓ有關。

「別擔心，我們老大有的是錢。他在東京都內擁有二十間賓館喲。」

我不清楚他說的「別擔心」是什麼意思，但還是和他繼續談下去。

水田除污的地點在福島縣南相馬市。工作內容是把水田表面的土壤挖除五公分，倒入集裝袋內，用兩噸的砂石車載去暫放處堆放，同時搬來有機土壤，為失去表土的水田重新整土，這個作業叫做「客土」。

「細節我也不是很了解，不過聽起來很簡單吧？」

年輕老闆笑咪咪地交給我一份文件，上面印著「規格表」。

「來，你就按照這規格募集組員吧。一星期後開始動工，你得加快速度囉。」

「呃，這是要我自己找人嗎？」

「那還用說？我來這裡以後也都是自己找人的呀。上頭說大概需要四十個人做住宅除污，我就把人都找齊了。你不用擔心，這裡可是福島呢，除污人力派遣公司很多。不過啊，水田除污和單純需要力氣的住宅除污不一樣，還得會開重型機具。除污派遣人力公司沒幾家有會操作機器的人才，你可得花點力氣找囉。聽上游承包商的負責人說，只會開怪手還不夠，要十分熟練操作的人才能勝任。這種人通常不會應徵除污派遣人力，所以有點傷腦筋呢。總之，麻煩你自己找人。我們採責任制，加油啦。」

他一副事不關己的口吻。

臉上帶著笑容的他，拿出一個資料夾。

裡頭夾著數張文件。

紙上印著「勞動契約」。「酬勞」和「約聘期間」的項目，分別填上了「一千二百日圓」和「一個月」。

「你把人找來，我們公司會雇用他們。我們家是二次分包，水田除污禁止三次分包。住宅除污也是喲。所以得請新員工在合約上簽名簽章。文件必須符合規定，否則會違反勞基法喲。」

「所以，我也要在上面簽名蓋章嗎？」

「當然呀。總包商會把合約影本提交給業主，只有登記在我們公司旗下，你們才能進除污現場。你是主任，不進去怎麼行呢？」

「可是，上面寫時薪一千二……」

如此一來，即便一天工作八小時，一個月工作二十五天，最多也只能賺到二十四萬日圓，根本不夠支付我女兒的贍養費。

「那當然是隨便寫寫的啊。只要最低工資超過你的要求就沒問題了吧？你希望月薪四十萬日圓嘛，沒問題喲。你儘管去賺，營收的三成都是你的。」

年輕老闆爽快允諾。不是命令我賺三倍，而是說我可以拿走三成。於是我在約聘契約上簽了字。

簽名之前，我仔細確認了合約內容，約聘期間的欄位寫著「為期一個月，可能視情況延長」。

換句話說，公司可按照自己的意思，想開除就開除，想雇用多久就雇多久，但我不認為這有什麼大問題。真要說起來，我的職位是主任，是站在公司這邊的人。如果手下的人難用，能輕鬆開除對我也比較方便。

「記得在下週之內搬出現在的宿舍喲。」

W的小組搬出後，當天起「除污公寓」只剩我一人獨居，聽說上頭便以先行付款的方式，與房東簽訂了一週兩萬日圓的短期租約。

無論如何，一週後我都要前往水田除污現場。與其擔心落腳處，不如先找齊人手。

我馬上著手找人。

規格表上列出了價目計算表。

挖除表土　五十五日圓／㎡

放入集裝袋　二千二百日圓／袋（含搬運至定點）

均鋪客土　二百五十日圓／m^2

除草　五十八日圓／m^2

雖然沒有詳細說明各別的工作內容，但依據我在石卷從事土木業的經驗粗略判斷，我相信這份工作「有賺頭」。重點在於如何找齊優秀的機具操作人員。儘管還沒有具體人選，但只要多出一點錢，總能找到人來做吧。

操作人員的行情就算抓得高一些，也差不多就是一天兩萬日圓。只要我肯出三萬日圓，應該能找到熟練的技師。由經驗老道的技術人員來操作怪手，一天約能挖除三千m^2的表土。光是這個項目，一天就能賺上十六萬五千日圓，月收超過四百萬日圓。倘若三萬日圓徵不到人，報價提高至五萬日圓也無妨。

不過，這是我根據石卷醫院擴建工程經驗所做的初步估算，水田除污適不適用就不清楚了。我只知道，醫院擴建工程的土地，本來也是水田。

挖除表土後，換上等量的客土。

在每天開完朝會的工地會議上，監工都會公布當日的目標數字。會議看似與負責洗輪胎的我無關，但是，當我發現每日目標與進出的砂石車數量有關之後，就開始留意起數字，仿效操作重機的工人，逐一記下目標數字，所以大致有個概念。

最大的差別在於，醫院擴建工程用「公尺」計算表土挖除的面積；水田除污則用「五公分」這個極小單位來計算。

無論如何，得先找到優秀的重機操作員才行。

我先連絡在石卷工作時，以業務部長的身分交換過名片的土木相關人員。

遺憾的是，人才沒這麼好找。

大家聽見一天要操作怪手挖掉三千㎡的表土，都喊做不到，其中甚至有人說：「我看三百還差不多吧。」

我無法跟仙台那邊的人商量。

Q公司那位來自音樂界的老闆，答應付我利潤三成的酬勞。S要是知道了，肯定會從中作梗。

苦思之下，我決定聯絡位在兵庫縣神戶市的前東家。由於找專務董事或前老闆太直接，我只好打給肌肉男R。

都已經來到福島了，如今卻要走回頭路聯繫R，我也相當猶豫，但我只能把他當作最後一根救命浮木了。

找R還有另一個考量。

那是我抓著名片四處打電話時，唯一得到的有用情報：

「你那工作，需要很會操作平底斗（slope finishing bucket）的人喔！」

所謂「平底斗」，是在斜坡整地時專用的鏟斗。

這裡先為不熟悉土木工作的讀者解釋一下，怪手的機械手臂前端裝著大鏟子，用來挖洞、掘土、破壞建築物進行拆除工程等，用途很多，各位應該多少在路過工地時看過。

前端的鏟子也有許多種類，其中沒有鋸齒、外觀寬且平的就叫平底鏟，俗稱「平底斗」。

這在一般工地並不多見，通常用在道路工程的斜坡整地上。

事實上，神戶的前東家最擅長的就是斜坡整地；此外，我擔任顧問的高爾夫球場也曾委託神戶的前東家做過幾次簡單的球場整地，我在當時看過幾次平底斗，所以還有些許記憶。

「哦，是大叔你啊，近來好嗎？」

R還是一樣目中無人，我皺起眉頭，說明原委。

「不錯嘛，這通電話來得正是時候。K先生要辭職囉。」

R告訴我，K自備的土木器材舊了，未經專務董事同意擅自買了新的替換，之後向專務董事請款時發生爭執，雙方起了嫌隙。弄到最後，K決定在這個週末辭職。

「時機也太湊巧了吧，K先生技術一流，你們也了解彼此的脾性。別說三千，要他一天挖五千也沒問題。」

聽起來真可靠。

「可是，要我牽線的話，至少也該讓我分一點吧。」

換句話說，他想分一杯羹。我說需要一點時間研究就掛上電話。

隨後立刻叫出手機的計算機。

5,000×55＝275,000

除非天候惡劣，一個月通常能上工二十五天。

275,000×25＝6,875,000

跳出的數字令我頭暈目眩。光是挖除表土，月收就有六百八十七萬五千日圓！

收益高到讓我完全可以忽略 K 的個性有多差，以及 R 要分走多少紅利。

我立刻打電話給 R，請他務必介紹 K 過來，並答應每個月付他二十五萬日圓的答謝金。

一天抓三萬的話，一個月付給 K 的薪水是七十五萬日圓。他在石卷工作一個月的酬勞是五十萬，七十五萬對他來說應該很夠了。連付給 R 的謝酬加進去，K 這邊的相關支出差不多是一百萬日圓。相對地，K 每月可為我賺進約六百九十萬日圓的營收。扣除薪資開銷的一百萬，還有五百九十萬，裡面近三成的兩百萬都是我的。

我簡直樂翻天了。

接下來，我立刻前往除污人力派遣公司。這家公司很新，成立剛滿一年，該公司買下老舊的五層樓建築，二樓以上用醫院大病房的隔簾作隔間，讓那些從全國招募而來，沒錢、無家可歸、差點要去當流浪漢的男人住在這裡。

住宿不收錢，三餐伙食費一天一千日圓，由一樓的餐廳供餐。工作的車馬費由公司先墊，並提供從家鄉來福島的單程車票。要注意的是，等正式接到工作以後，交通費和伙食費會從每個月的薪水預先扣除。這就是公司的運作模式。

自我妄想一舉發大財，衝著災難財來到東北災區，轉眼間已迎來第四個即將邁入冬季的晚秋。

〽奮戰吧！奮戰的你所唱的歌
那些不願奮戰的傢伙肯定會大笑吧
奮戰吧！在冰冷的水中
一邊發抖一邊力爭上游！

不知不覺，腦中已自動播放起歌手中島美雪[24]〈奮戰吧！〉（*Fight!*）的副歌。

24 中島美雪（中島みゆき）出生於日本北海道札幌市，是日本極具有代表性的創作型歌手，〈奮戰吧！〉（*Fight!*）由她一手包辦詞曲，她有多首作品曾被翻唱為中文歌，例如：王菲的〈人間〉與〈容易受傷的女人〉，任賢齊的〈傷心太平洋〉。

南相馬市／水田除污

「喂咿？喂咿？」

男人以獨有的腔調接起電話，語氣很不高興，我光聽到他的聲音就想掛電話。但我努力壓下心中的不耐，報上姓名。

「喔。」

「好久不見。」

「喔。」

「我聽 R 說了，您要離開專務董事那裡是吧。」

「所以哩？」

他的應答方式還是一樣囂張。

「當然是來和您談談今後的方向。」

「關你啥事？」

R說他已經向K轉達了我的需求，也說K有意加入。為何這傢伙現在還是一副狀況外的反應？我之前說過希望他能在本週內趕來現場。但所謂的「本週內」是到昨天為止。

「如果可以，我想請您過來幫忙。」

無論K有多資深熟練，在我主動聯繫之前，可是處於失業狀態。他之所以會遠離家人所在的關西遠赴東北，無非是扭曲的性子讓他在關西弄臭了名聲吧。而且我有信心，他聽過條件後就會答應。

「工作的內容是水田除污，我需要能操縱怪手挖掉水田表土五公分的技術人員，想延攬您加入。我願意付您日薪三萬圓的薪水。」

我在石卷做過管理職，知道所有人的薪水。K之前的行情是一天兩萬圓，只要工地沒停工，一個月的預計薪資是五十萬圓。連專務董事的固定月薪都只有四十萬圓，可見K真的是技術了得。如果一天三萬圓，一個月就能賺進七十五萬圓。

他沒道理拒絕。

「好吧，我們也不是陌生人了，既然你有難，這個忙我也不是不能幫啦。」

但K仍想哄抬價格，我打斷他：

「萬事拜託了。您是我唯一認識可以託付這份重任的人。」

我只能拚命灌他迷湯了。

要是不慎說錯一個字，K可能會耍起脾氣來。

「什麼時候開始？」

「我擇日再通知您具體日期。」

這段對話令我捏了一把冷汗。其實，我剛才告訴 K 的事情，就是現階段我所知道的全部資訊。開工日期未定。本來說好下週開工，但進工地的時間似乎延遲了。

「好吧，這樣對我來說也比較方便。我在石卷待太久了，想趁機回關西老家休息一下。」

我頓時鬆了口氣。既然要回關西，一、兩天之內不可能回來。我能爭取到一週左右的時間。

接著我又聽 K 聊了一下他決意辭職的前因後果，然後結束通話。

他辭職的原在我聽來言只是雞毛蒜皮小事。只要確定 K 會來，我的工作就能繼續執行。接下來只需召集人力。除污人力派遣公司那邊我也在談，也許無法保證品質，但如果只是湊人數，應該沒什麼問題。

我知道 K 的性情不定，從流浪漢聚集的除污人力派遣公司找人也有很大的風險，但頭已經洗到一半，這時也無法喊停了。我必須搞定這件事，否則之後的薪水就危險了。

我向 Q 公司的總經理報告，說我已經找到可靠的技術人員。因為是星期天，我和他約在附近的咖啡廳碰面。

我主動要求開會，希望盡快確認前置進度，也想問清楚延遲開工的原因和具體條件，不問清楚的話，別說雜工的人數，就連需要多少組員也無法確定。

「很好、很好，想不到你辦事挺有效率呢，不錯喲。」

他的語氣帶著輕蔑。

「可以麻煩總經理您這邊也加快速度嗎？」

我其實並不急，但還是想催他一下。

「知道了啦，我會盡快安排讓你下週就能上工，別急嘛。」

「等到下週就太遲了，人家可是搶手的技術人員。請您立刻聯絡。您知道相關人員的手機號碼吧？」

「你這要求太為難了，今天是星期天耶。」

他用右手中指搔搔臉頰，露出思索的表情。

「而且我跟他們家公司也不熟嘛。」

年輕總經理竟若無其事地說出令人傻眼至極的話。

「什麼叫做不熟？」

我不小心流露出不悅的神情。

這可是光用簡單方式計算就能算出一個月有七百萬日圓的大生意，一年可賺進八千萬日圓耶！結果竟然連聯繫工作都做不好，實在令我啞口無言。

我緊盯Q公司總經理的進度，終於敲定在下星期二與分包給我們的上游包商承辦人會面。這家P公司的總公司位於石卷。

承辦人F向我說明延遲進場的原因，主要是統包商要負責的員工宿舍工程進度落後。

聽說水田已經開始進行除污作業，如果我們想按照原訂時程加入，那就得在宿舍蓋好之前自行找地方住。

得知這個消息之後，我立刻著手尋找宿舍。

光是水田除污一個工程，就有超過三千名除污員湧入南相馬市，導致附近所有旅館一房難求。來的不只是除污員。接下來即將進入下雪的季節，南相馬市位於沿岸地區，降雪量相對較少，因此吸引許多土木業者前來淘金。

想必不能再往南邊找了。南相馬市本身所在的南邊小高區已在距離福島第一核電廠半徑二十公里以內的警戒範圍。別說找宿舍，人根本無法靠近那裡。若往北邊找，毗鄰的相馬市也沒有空房。再往更北邊去，則要到仙台才有空房。

但仙台太遠了，不可能每天通勤。如果往內陸找，就是郡山市了。但這裡要天天往返一樣累人。

就算真的住在郡山市，想要趕上每天早晨八點的朝會，就得清晨五點從郡山出發。不只如此，從郡山市前往南相馬市需要翻山越嶺，等風雪變大、積雪加深，想在清晨翻過那座山是不可能的。

「我們還有一家分包公司，他們的做法是……」

P公司的承辦人說道。我也是親自來到石卷的P公司一趟，才首次聽聞他們旗下竟有兩家分包廠商。而P公司負責的除污作業區為兩百萬m^2。

「他們從郡山通勤。但無法全員到齊，聽說只有兩、三人先過來。雖說這樣有點麻煩，但他們希望按照先原訂計畫開工，做出業績，這樣對統包的S建設公司也好有個交代。」

言下之意是對我暗中施壓：「請你們也多加油。」

「我也期盼貴公司盡早開始。」

他繼續施壓。

「Q公司的總經理跟你說，每家公司分別負責一百萬m^2，但這只是單純把我們家負責的作業區除以二的數字。」

這件事我也是初次耳聞。竟然連負責區域的面積都沒問清楚，我的腦中浮現Q公司總經理那張不牢靠的臉。

「可是，我們不打算直接把區域一分為二。誰先占到的水田，誰就負起責任鋪好客土，把整套工程做完。」

他的意思是要我們加快速度。

「施工費用我們會按照工程項目仔細計算。站在我們的立場，自然無法忽視工程延宕的問題。」

每個環節都迫在眉睫，突然間，我陷入必須立刻在南相馬市找到十人宿舍的緊急狀態。

然而，冷靜想想就會察覺承辦人F這番話不對勁。

　　也許延遲動工的原因應該歸咎於S建設，實際上卻沒這麼簡單。身為上游廠商，他們公司可以合理把責任推回去；但上游廠商面對下游的分包商，不該是這種態度。我們已經配合當初約定的開工日調度人力了。

　　時程規畫全是在對方答應提供宿舍的前提下進行的。不管跳票原因是什麼，上游廠商都應該對分包商負起責任。這個人卻只會推託給發包的建商，一副自己都沒問題的樣子，這是不道德的行為。

　　而且準時動工的大功勞，是P公司想要做給S建設看的，跟另一家分包公司又有何干。再說，像S建設這麼大的企業，怎麼可能想到下游分包商呢？我雖不想貶低自己，但說穿了，我們對S建設而言，只是隨時可替換的螺絲釘。

　　不僅如此，P公司的承辦人還刻意釣我。

「誰先占到水田，誰就負責做完。」

這是釣餌。

說得極端一點，這表示只要迅速做完最輕鬆不費力的田埂除草，就能獲得該水田的除污權利。

當然，他勢必已設想到無端擴大戰線的風險。

所以他再次丟出「按照項目仔細計算」的餌。

就算一下子占領大量水田，也必須等鋪完客土、整套工程結束後才計算薪資，因此錢不會太快入帳。

分包商主要的經費開銷就是人事費用，不能延遲發薪。薪水晚發可是會出大問題的，我們絕不樂見。不過，就算上頭以這種方式付款，只要我們的表土挖除工程效率極佳，即使拉大戰線也扛得住。

我推敲著各種情形，領悟了無論是非對錯在誰，都得盡快在南相馬找到宿舍。四處奔走下，我找上了「農家民宿」。

如同字面，這種民宿由農家提供自家給旅人居住。聽說地震發生以前，南相馬市就存在這種觀光制度。

觀光客來到鄉下，可以體驗種田、除草、喝花草茶、學習草木染織、製作味噌等農村生活。這是市府和農家聯手打造的觀光產業。

但觀光產業因為核廠意外一度停擺。

主要倒不是實質受害或風評下滑的問題，而是這塊土地種出的農作物因為核污已經失去價值，想來這裡體驗務農生活的觀光客銳減。

也由於核廠意外，導致此地其他地震災害未受報章媒體重視，實際上沿海土地受到的海嘯衝擊，和宮城縣及岩手縣一樣嚴重。南相馬市著重農業發展更勝於漁業，被海嘯吞沒的民宅幾乎都是農家。

儘管遭受重創，距離地震過了三年，「農家民宿」也漸漸復活。主要的住客大多為來南相馬賑災的志工。

住宿附三餐伙食，費用相當於便宜的商務旅館，加上住在「受災戶」家中，方便與當地人多交流，對志工來說是絕佳的住宿設施。

我知道有幾間「農家民宿」重新開張。

只是情況依舊嚴峻。讓除污員投宿，並不屬於觀光產業的範圍。

幾經思考之後，時隔四年，我決定再度前往地震發生當年，曾以業務為名拜訪過的原町工商會議所。

當年跑業務時接待我的事務局長仍是同一人。令人訝異的是，他還記得只來過一次的我。

「自上次拜訪您之後，我始終忘不了南相馬市。就連在石卷從事土木復興工作時，我都想著有朝一日一定要來南相馬市貢獻心力。這次總算得償宿願，我開始在南相馬市工作了，今日過來向您打聲招呼。」

我一鼓作氣說完假惺惺的場面話。

事務長堆滿笑容，但他一定看穿了。我懊惱不已。說著冠冕堂皇的理由跑來災區淘金的傢伙絡繹不絕，像我這種傢伙，事務長肯定見多了，這些心口不一的馬屁對他並不管用。

「我來這裡工作，但是沒地方住。您可以幫我介紹『農家民宿』嗎？」可是眼前的氣氛實在不適合開口提這些。

就在我決定放棄告辭時……

「您今天來，是不是有什麼事想委託我幫忙？」

事務長留住我。

「別客氣，儘管說吧。我們很樂意為您服務。不如說，我們很需要有事情可做。」

說罷，事務長停了兩秒沉思。

「每個來到這裡的人，都會暢談對這裡的熱愛之情。」

他在這裡停下來，猶豫了一會兒才說：

「就像剛才的您。」

然後，他笑了出來。那不是微笑，我確實聽見笑聲了。

「抱歉，我說得太過火了。不過，您別放在心上。我知道那是大家對我們的善意，不是裝出來的。所以，您千萬別客氣。請問我能為您提供什麼幫助呢？」

我誠惶誠恐地告知真正的來意。

事務長立刻抓起辦公桌上的話筒，打起電話。簡短的對話結束後，他交給我一張便條紙。

「這裡願意讓各位留宿。」

我心存感激地收下了。

我和K約在南相馬市公所會合，帶他去即將入住的「農家民宿」。其他工人已先行入住。K正式加入後，由我當主任管理的除污組員共十名。

「搞啥，不是住飯店啊。」

K直接了當地提出抗議。

先前我只跟 K 提到，由於員工宿舍工程延宕，我先在其他地方找了臨時住處。

我不打算把「只剩這裡了」當作藉口，這樣對好心介紹落腳處給我們的工商會議所事務長太失禮了。

「聽說宿舍還要晚兩週才能蓋好。」

我這樣回答他。

「農家民宿」的住宿空間包括：六張榻榻米（約三坪）大的房間兩間，四張半榻榻米（約二・一五坪）大的房間一間，還有一間十二張榻榻米（約六坪）大的起居室用來當作餐廳。

六張榻榻米大的兩個房間，已讓派遣公司來的九個人住下了。

九人組的組長叫 N。起初，N 因為沒有單人房而面露難色，我趕緊說明只須在這裡暫住一陣子，等到宿舍蓋好就可搬走，總算安撫他的情緒。

我向Ｋ說明，剩下的四張半榻榻米房，我要和他一起住，但他並不接受。

「我很神經質，旁邊有其他人睡覺的呼吸聲就睡不著啊。」

Ｋ如是說。

這個人不是你說「先忍個兩星期就好」就能打發的貨色，我只能同意房間由他一人獨享。

「晚飯時間其他人也會回來。我們到時碰面，在此之前請自由活動。」

說完，我接著來到十二張榻榻米大的餐廳。

「你回來啦。」

推開餐廳的紙門，Ｙ手著撐頭、躺在坐墊上看電視，回頭看向我。Ｙ是

N小組中的麻煩人物。

用完晚餐後，全員正式見面，介紹彼此認識，接著開會討論職務分工。

N小組的分工是固定的。

組裡有三人會駕駛重型機具。其中兩人持有工程車類和起重機駕照。一人沒有起重機駕照，無法吊起集裝袋。

有證照的人才能駕駛重型機具。此外，能操作大型怪手的人也能駕駛起重機。如果是比較鬆散的工地，一般不會要求證照，誰會做就給誰做，但這次的工程由S建設這家大型統包商做現場管理，自然比較嚴格。

發包單位很常派人到工地視察，要是被他們抓到有人違規作業，當事者一定被轟出去，他所屬公司和上游包商也會被開罰。

把輻射污染的泥土倒入集裝袋的任務由持有重型機具證照的兩人負責，將之吊起、放上四噸砂石車的工作由持有起重機駕照的N負責。

製作集裝袋是徒手作業，交給最年輕的兩人與麻煩人物Y。這份工作是單純的體力活，適合年輕小夥子和沒有工地經驗的Y。Y之所以被稱作麻煩人物，並不只是因為他沒有工地經驗。

初次加入N小組的Y，是四十歲辭職的前上班族。

他本來在上市企業做事，因為嚮往去沖繩當漁夫而辭職，說來也是個怪人。他花了一年時間向沖繩漁夫學習捕魚技巧，是漁協認可的獨立漁夫。

聽說Y應徵除污人力派遣公司的原因，是想存錢替漁協讓給他的老舊漁船買新引擎。

如果只是這樣倒沒什麼問題。

也許是曾在上市企業工作的關係，Y很愛像名嘴一樣對各種事情發表高見，導致還沒實際上工，就被其他組員排擠了。

剩下四人當中的兩人，負責把集裝袋搬到放置場。另外兩人負責除草。

這個除草可不是拔草而已。

要使用肩揹式割草機割草，戴手套把草蒐集起來，塞入集裝袋，屬於勞力密集型作業。一m^2五十八日圓實在很不划算。但畢竟涵蓋在水田除污工程裡，無法不幹。這就是除草作業。

順帶一提，在工地中必須有照才能操作割草機。

只要去大型五金商場，不論是誰都能輕鬆買到割草機。一般家庭的院子如果比較大也用得上，難度不高，但在工程中使用一樣需要證照。

「哎呦，不要想東想西，去到現場總有辦法解決啦。在這裡說再多都是紙上談兵，實際遇到的問題肯定多到數不完，做工地就要懂得當場一決勝負！」

土木工作的準則應該是「八分準備，兩分行動」才對，經驗老到的K肯定比誰都明白這個道理，結果竟然說出這種話。在工地想要當場一決勝負是在開玩笑嗎？

難不成K一直都是隨波逐流、見機行事、投機取巧嗎？會議就在他說完這些話後結束。

會議結束後，N把我叫了出去。農家的玄關前有一塊擺了工地大型菸灰缸的抽菸區。

室內全面禁菸。

「怎麼回事？」

N的語氣中摻雜著怒氣。

「你是指？」

「房間分配。憑什麼K可以自己住一間？」

果然是這件事。我悄悄嘆氣不讓對方聽見。

N小組分配到兩間六張榻榻米房，一間房得住四人，另一間住五人。然而N卻行使組長權限，自己和另一人獨享一間房，讓其他七人擠一間。

大概是同住壓力太大，麻煩人物Y才會離開房間，把坐墊當作墊被鋪著，直接睡在餐廳裡。餐廳有石油暖氣扇，不需要蓋棉被。

「主任打算睡哪裡？」

N表示絕不會分出空間給我。N和同房的男人似乎關係匪淺。

我聽 N 說了才知道，他們是在牢裡認識的。N 之所以會跟我說這件事，是因為出了些小意外。

暫住「農家民宿」的第一晚，我帶著初次進入工地必須填寫的入場登記表來到 N 的房間。推開紙門，碰巧撞見兩人正換上運動服當睡衣。和 N 同房的男人背後，露出少見的刺青。

直徑約十五公分的粗圓圖形整齊排列。男人慌張地轉過身去，我只稍微瞥到一眼。回到房間後，我在腦中重新思索那個刺青圖案代表什麼意思，想起那是六文錢。

六文錢是戰國武家真田家的家紋與旗印。傳說人死後渡過三途川[25]時，需

25 東亞民間傳說中的冥河，出自《地藏菩薩發心因緣十王經》，被認為是陰間與陽世的分隔。

要支付六文錢，這樣的旗印，代表已做好隨時赴死的覺悟。

我在仙台的工人宿舍早已看慣刺青，但在N的房間目睹的刺青，絲毫不華麗，簡單的圖形反而令人在回想時感受到無與倫比的迫力。

「你知道有掃黑安檢吧？」

翌日早晨，我向N確認。舉凡合作公司和進入現場的公司，旗下雇用的員工都必須經過身分檢查，確認沒有幫派分子混入。這就是掃黑安檢。

「我做除污不是一天兩天的事了。」

N老神在在地回答。我問了與他同房的男人是何來歷。有些人刺青和黑道無關，只是耍酷趕流行。但無論怎麼想，追求流行的人都不會刻意刺樸素的六文錢。如果他真是幫派分子，可能會惹禍上身。以防萬一，我問了N那個男人是不是黑道。

「不用擔心。」

N向我保證。

「那他為什麼要刺這種帶有赴死精神的刺青？」

我追問道，N困窘地低下頭。一會兒後，他告訴我「請務必保守祕密」，一面字斟句酌地開口：

「那是他在對我展現忠誠。」

難不成他喜歡男人？

我忍不住抬頭看天，但N旋即否定這個猜測。因為這個小插曲，他終於肯告訴我，兩人是在監獄認識的患難兄弟。

「你沒有要跟我們一起住吧？」

由於兩人占用一間大客房，所以擔心我來搶。

「我打算學Y的做法，先睡在餐廳。反正只要再忍一下，等宿舍蓋好，所有人都能有自己的房間。」

「如果能這樣解決當然很好……」

「你還有什麼擔憂嗎？」

「主任，你的態度要再強硬一點比較好。什麼事情都任由K那個人胡來，也許暫時能把問題壓下來，但遲早有一天會出亂子。」

N這番話，我自然是再明白不過了。

承攬商的入廠前教育訓練，在一個叫做「衛星」的建築物角落舉行。

這是回收三一一大地震後撤走的高爾夫大型量販店所蓋的訓練中心，開放式空間的一半，用來擺放各家公司在朝會集合前用來休息的摺疊桌椅，另一半則是空無一物的朝會會場。

跑過各種工地，我還是初次見到有屋頂的朝會會場。據說有超過八百名的除污員，每天早晨在這裡集合。

S建設號召的水田除污員，總數超過兩千人；負責區域離「衛星」較遠的公司，會根據現場所在位置分散進行朝會。

負責新進承攬商教育訓練的領隊，是個來自上游包商叫做B的年輕人。

B在「衛星」的前門迎接我們一行人，以及來自另一家分包公司的十人小組。

接受新進承攬商訓練的不只B所負責的二十人，包含其他公司在內，多達百餘人的作業員陸續入座。光是這個人數，就已超越一般小規模工地現場作業的勞工人數。

發包的 S 建設負責人光是介紹他那冗長的頭銜「S 土木建設公司東京分公司東北業務部第二工程部」就花了不少時間，接著開始說明公司概要。

他花了一個小時讚揚公司的偉大後，終於開始說明水田除污有哪些重點需要注意。但他說的並非技術上的問題，恐怕只是 S 建設定下的規矩。

在除污現場與當地居民擦身而過，記得要精神抖擻地點頭打招呼。

在路口必須禮讓居民的車子優先通行。

在餐飲店等當地居民休憩的場所，不可大聲喧嘩。

垃圾務必按照規定分類丟棄，私人垃圾不可擅自丟進居民常去的超商內用區垃圾桶內。

出入工地務必穿上 S 建設租借提供的除污裝，讓居民一看就知道你正在「除污中」。

離開除污現場務必換下除污裝，不要讓居民發現有除污員在他們的生活圈內活動，以免造成居民不必要的心理負擔。

其他與居民相關的注意事項多達二十條，光說明就耗去了一個多小時。

（到底把我們當什麼了？我們是有多惹人厭啊？）

K在後面座位嘀咕。

接下來的教育內容變得更加瑣碎了。

「從今天起你們要忘記『污染』一詞，請各位切記，你們從水田挖走的土壤不叫『污染土』，而是『除污廢棄物』。搬運的車輛外面，都要貼上這種標語貼紙。」

講者高舉的白色貼紙上，以粗體字印著「除污廢棄物運送車」。

「聽懂了嗎？我再重複一遍，請各位盡力屏除南相馬市受到污染的想法。

這裡的居民安居樂業的生活，就是最大的證據。南相馬市並未受到輻射污染！」

（既然這樣，又何必除污呢。）

大概是快受不了這種洗腦式的教條訓練，這次換其他公司的人忍不住碎嘴。不巧的是，他說話時講者剛好講完，因此聽得一清二楚。

「你這臭小子！」

講者指著說話的人，口沫橫飛怒斥。

「立刻給我滾出去！你現在不出去，你的公司就全面停工。」

那人踢開椅子憤恨起身。

看上去臉色通紅、咬牙切齒。

兩旁的同仁急忙拉住他安撫情緒，並帶他離開會場。

「公司不會硬性規定你們不能穿除污裝去買東西，但務必在工地把泥土弄乾淨。不准把污染的泥土帶進居民的生活圈。」

講者越說越激動。

「千萬不能穿著沾有污染土的鞋子或靴子去買東西甚至用餐。那些鞋子只能在除污工地穿。這棟建築物外有一次可容納五十人使用的洗鞋場，在那裡洗掉鞋子和靴子上的污染土才能回去。」

「進入除污工地有義務穿戴手套及口罩，用完即丟。公司會提供每日必要的數量。可是，這些東西在現場會受到輻射污染，因此我們嚴格禁止把用過的手套和口罩丟在本建築物規定的回收箱之外的任何地方。」

「喂，〇〇！」

講者對著和他一樣身穿除污裝的年輕人，喊了一聲。那人宛如監考官，從訓練之初便站在我們的座位後方角落。

「告訴這些傢伙，如果回家時隨便把污染的手套和口罩丟在超商的垃圾桶，會發生什麼事。」

講師把亂說話的人吼出去後，似乎有點累了，拿起講台上的瓶裝水喝了起來。

這次由被點名的年輕人代為說明：

「兩週前才有人違規。有個除污小組把五人份的口罩和手套丟在超商的垃圾桶裡，店員發現後馬上向警察局報案。警方根據目擊者的證詞，查出那個除污小組所屬的外包公司。南相馬分局的分局長向該公司提出嚴重警告，隔天也在同一家超商埋伏，抓到那些想再次丟棄口罩和手套的除污員，依照違反廢棄物處理法和違法棄置的罪嫌，將他們以現行犯的身分移送法辦。」

年輕人說話時數度停下，語氣平板如小學生背誦課文，彷彿亟欲贏得老師稱讚。

「沒錯。這些不是一般的口罩和手套，任意丟棄污染物必定會受到重罰。」

（這都第九次了。）

K 再次喃喃自語。

畢竟剛剛才有人被轟出去，他這次用非常小的音量低語。

（那白痴要我們忘記「污染」，自己卻說了「污染」九次啊。）

他一面咕噥說道，只見他喉嚨動了動，無聲地訕笑。

充斥高壓恫嚇的入廠前教育訓練結束後，我和 N 帶著 K 前往明天起要進場的工地探勘。管理上游包商的B開著自己的車在前方帶路。

工程現場位在南相馬市原町區大原，那是一片分布於新田川北岸的遼闊水田。

「總而言之，你們先從這個角落開始吧。」

B帶我們來到由三公尺的農業道路隔開、上下兩側合計三千㎡的水田前。

四人在農業道路的停靠處停車，愣愣地望著水田。

「聽說Z公司明天打算靠三人拚完這塊地。」

B說道。

Z公司是和我們分派到同一區的分包商。

「他們不是派了十個人參加員工訓練嗎？」

我問，而B這樣回答：

「他們先派十個人來參加訓練，以便日後隨時加入。不過明天只有三個人能來。他們打算等S建設公司的員工宿舍落成後再正式進行，在此之前，先派三人過來除草。你們想要哪塊地？果然是下面這塊比較好吧？」

B望著農業道路下方的區域問道。

無論誰來看答案應該都一樣。下方這一片水田的面積比較寬廣，又是正方形，便於作業。上方水田則犁成了梯形。

「你怎麼看？」

我徵詢K的意見。

「下面吧。」

K雙手抱胸說道。

「果然沒錯。我跟你想的一樣。那麼，B先生……」

我正要說「我們決定從下面開始」，就被K伸手打斷。

「這樣太武斷了。我是說由你來看的話，恐怕會覺得下面這塊比較好吧。但如果要做的話，應該選上面這一塊才對。」

這男人愛裝模作樣的性格真是折騰人。幹麼拐彎抹角？再說，為什麼是上面這塊比較好？

「只看水田的形狀和面積有什麼用？下面的水田和農業道路之間有高低差，把集裝袋運上車時，高低差會造成不必要的麻煩。這樣子要怎麼直接從水田搬運？光是要搭建施工架、鋪設鐵板方便人們作業行走的面積，就占了一大半啊。」

原來如此，我同意他的說法。

「還有，搬入客土時也會遇到問題，必須從比較高的路邊往下倒，這時候田邊的渠道會妨礙作業。」

連接農業道路的斜坡下方沿著水田設置了渠道。他說得沒錯，如果從上方直接倒土，渠道會被掩埋。

「這裡也需要鋪上鐵板。鐵板可不是免錢的，用租的也很貴。移動鐵板還得動用重型機具。這麼一來，機具會不夠用，技術人員也得停工，簡直虧大了啊。」

不愧是專家。

越聽他分析，越覺得農業道路下方乍看較容易的水田，其實做起來更加費工。

話說B聽聞我們竟然找到一般人不知道的住宿地點，讓整隊人一次搬來，似乎非常滿意。

因為這樣，他才帶我們來事前探勘。

否則按照一般情形，B 應該要在聽過兩家分包公司的意見之後，居中調整分配。而他略過這個步驟，優先帶我們過來。

但是，也要有 K 這種行家在場才能發揮優勢。K 的缺點雖然多到數也數不完，不過延攬他加入果然是正確決定。

「果然厲害。我聽主任說 K 先生是土木這行的資深老手，果真有一套。我可無法在第一次探勘就立即做出判斷。」

「過獎了，我只是在工地待得比較久而已。」

K 放鬆嘴角，表示謙虛。

「我就只是個平時把『八分準備，兩分行動』這類老掉牙口號掛在嘴邊的老頭子罷了。」

儘管抑揚頓挫難掩播州[26]口音，但他使用了標準日語的謙遜語。只可惜，不管怎麼聽都不像謙虛，而是拐個彎炫耀自己的資歷罷了。

「那麼，我趕緊帶各位去看看集裝袋的放置場吧。」

B催促說道。

就在我們走回路邊，準備回到各自的車上時……

「我坐這邊好了。」

K一屁股坐進B的車子裡。

四個人兩輛車，也許兩人坐一台車並不奇怪，但我想事情沒這麼簡單。我坐上副駕駛座，對駕駛座的N說：「他就要開始拍馬屁了。」

26　日本兵庫縣南部舊國名。

「那是在拍馬屁嗎？」

「是啊，他不管去哪兒都一樣，會立刻和上面公司的負責人攀關係。」

我在石卷與K在同一個工地共事的期間很短。

也許我和他並沒有熟到能夠斷定他在每一個現場都會故技重施；但我曾多次目睹他這麼做，會這麼說也算是有根有據。

「只要能抬高自己的身價，他那個人可以臉不紅氣不喘地說自己公司主管的壞話。」

「這麼做沒有意義吧。」

「一般人通常會這麼想，但那傢伙可不會。這麼做可以讓他在工地快活過日子。」

「只要拍B的馬屁就有這種好事？」

N歪頭納悶，似乎覺得很不真實而無法想像。這很正常。等動工後他自然就會明白。

K確實是個厲害的土木工人，技術和知識都很豐富，但他不願意把專業活用在爭取團隊利益上。出發點全是為了拉抬自己的風評，所以才喜歡巴結上層。

舉例來說，假設K提議要變更施工流程。

大多時候，他的建議都能切中核心，但如果他向自己公司的主管提議的話，改善問題的功勞就會被主管搶走。

為了把功勞留在自己身上，K會向更高層的公司反映。只要多說對幾次，久而久之，上面就會跳過中間的主管，直接找他商量事情。

為達目的，K會在不踰矩的程度下，有意無意地向上層主管抱怨自家主管和其他同事，例如：

「我覺得這麼做效果應該會比較好，但他們就是不認同。大概是我太老古板了吧。」

他會故作委屈，垂下肩膀嘆氣。

「N，你也要小心。我身為主任肯定逃不了，你是集裝袋組的組長，也會被針對。不知道他會在暗地裡說你什麼。」

「這麼做對他有什麼好處？」

「好處可多了，只要能征服上面公司的人，他就能在現場呼風喚雨。」

N稍作沉思，喃喃說道：「這下危險了……」

「危險？」

「啊，我不會有事。我也經歷了不少事，沒這麼容易被擊垮。但我的室友可就不同了。他很單純，最痛恨在暗地裡中傷別人的傢伙。要是讓他聽見K說我的壞話……」

N長吁一聲，微笑說道：

「他會拿刀捅K喔。」

這句話聽起來不像開玩笑，我不禁背脊發涼。

腦中浮現那人背後的六文錢刺青。而眼前笑著說出「他會拿刀捅喔」的N，似乎也不是省油的燈。

之後的事

開始動工後，K以震驚全場的速度挖除表土。肌肉男R沒騙人，他一天的工作進度超過了五千m^2。最初劃定的工區，短短兩天就做完了，K便丟下負責集裝泥土的N小組，擅自移動到下一個工區。

他擅自行動，引發了問題。

我身為主任的職責是做好安全管理，不用實際加入作業。K若是擅自超前進度分散工區，我會因為督導不周，收到上層視察人員的警告。

這是第一個挫敗。

高高堆疊的水田表土也必須盡快裝袋，我不得不派K去支援集裝袋小組。

泥土裝袋是團隊作業。不論K駕駛重型機具的技術再怎麼優秀，製作集裝袋時還是得跟其他人一起分工合作。K的能力單打獨鬥是很厲害，要他分工合作卻是災難。他脾氣差，嘴巴臭，搞得現場氣氛日漸惡化。

拜此所賜，第一個月的業績僅稍微超過七百萬日圓。

這七百萬中，付給 K 七十五萬、R 二十五萬，還有 N 小組的三百三十萬，光是人事開銷就花掉四百四十萬日圓。

不只如此，還有重型機具的租借費、燃料費、土木工具的耗材費，以及工程延宕多時而壓迫獲利空間的宿舍問題。在此當下，我們組員依然住在「農家民宿」。

這件事引發了 N 小組的不滿。當初明明說好有單人房，結果卻得和別人一起生活。而且除了 N 與他在牢中相識的結拜兄弟，以及乾脆跑去餐廳睡覺的 Y，其他六人必須擠在僅有六張榻榻米大的一間房間裡。

我要安撫這些人的不滿，但盈餘卻只剩下一百二十多萬圓。按照之前的約定我可以拿到三成，所以忙了這麼久，薪水只有三十六萬八千圓。

我和之前一樣，匯三十五萬圓給前妻，中午只吃一個咖哩麵包充飢。香菸也換抽最便宜的牌子。腦中不再響起中島美雪的歌，變成子門真人唱的兒歌〈游泳吧！鯛魚燒君〉[27]，第一段在腦海裡不停自動播放。

〽每天每天　我們被人放在鐵板上
烤啊烤的　真是受不了

這首歌和〈昭和枯萎的芒草〉都是在高度成長期結束後的昭和五十年（一

---

27 子門真人本名藤川正治，是出身於東京都目黑區的日本男歌手，以演唱童謠著稱。〈游泳吧！鯛魚燒君〉的詞曲創作人為高田ひろお和佐藤壽一。

九七五年）大紅的曲子。

單曲創下了四百五十萬張的銷售紀錄。這個歷史紀錄至今仍無人可敵，想必在聽歌習慣已改變的現代社會，這個實體唱片銷售紀錄會永久保持下去。

即使如此，我仍未放棄。

一定還有其他方法。

我當時這麼以為。

我手上握有一天可挖去五千m^2表土的超級技術員。光是挖土，單月業績就能衝到六百八十七萬五千圓。只要換個方式，一定能解決問題。

多找幾個人來幫忙裝袋呢？

正當我這麼考慮時，工人宿舍終於啟用，我們從「農家民宿」搬了進去。

宿舍完工的同時，所有房間立刻客滿，我沒辦法增加人手。

不，並非毫無沒辦法，不是還有「農家民宿」嗎？那裡可以住十名集裝人員。我聯絡了除污人力派遣公司，請他們連同組長一起派人給我。

他們要我等一星期左右。

我馬上聯絡「農家民宿」，重新向他們借房間，結果被拒絕了。

「我是體諒你們沒地方住，才勉強借給你們的，卻有人違反規定，在房間裡抽菸。我無法把屋子借給不遵守規定的人。」

「請問是哪個房間？」

我忍不住追問。對方回答是四張半榻榻米那一間。

「他打開窗戶抽菸，害我新買的窗簾上都有燒焦的痕跡。」

對方說完便掛斷電話。

四張半的房間。是K！他囉唆地警告別人注意規矩，結果自己卻躲起來偷抽菸？

我很生氣，但生氣也無法填飽肚子，我只能打電話給派遣公司，說要取消剛剛申請的十名人力，對方震怒，說人已經湊齊了，要我支付賠償金。

距離我打電話還不到一個小時，他剛才明明要我等一星期，現在卻改口說人已經找好了要我賠償，這合理嗎？

我既不傻眼，也沒有生氣的情緒了，只覺得筋疲力盡。渾身無力地將姿態放到最低、拚命道歉，才終於讓對方消氣。

我得想辦法解決問題。

腦中只剩下這個念頭。然而，惱人的歌聲不停在腦中迴響。

〽每天每天 我們被人放在鐵板上……

我告訴自己，一旦放棄就輸了。

前一個月的業績超過七百萬日圓。儘管盈餘只剩一百二十萬，但我們已經搬進宿舍了。付給「農家民宿」一天超過五萬圓的住宿費省下來了，之後會反映在盈餘上。現在放棄，言之過早。

我想到一個方法。

可以叫N小組先停工。如果只派出K一人，主管職只需要我一人就夠了。K一天可挖掉五千m^2的水田表土，換算成金額是二十七萬五千日圓。

當然不能停工太久。這麼做的話，發包公司會提出違規警告。未裝袋的表土堆得如山一般高，已經慢慢開始崩塌了。就算他們不警告，也會透過上游廠商的B催進度。

如果一週停工一次呢？兩次的話又會怎樣？

如果週休二日、甚至週休三日，N肯答應嗎？

我重新計算成本。

「喂，混帳東西！你從剛才就在那裡摸什麼魚啊！」

怒吼朝我襲來。是K的聲音。

「所有人都在工作，你卻在旁邊玩遊戲啊？」

K跳下怪手，臉紅脖子粗地叫罵。

全是這傢伙害的。都怪他偷抽菸……

「你搞錯了，我是在用手機的計算機。」

我故作傻笑地反駁。

「要算錢不會晚上算啊？大白天就在那邊按計算機，你們這些薪水小偷過得可真爽。」

K憤恨地說完，真的在地上吐了一口痰，又坐回怪手裡。

當天夜裡，我趕緊向N說明事由。

「如果放假也有日薪可領，沒問題啊。」

N爽快回應。

我早料到會是這個答案。

N小組九名人力的日薪合計是十一萬七千日圓。我是計算後才提議的。

找N討論之前，我也和上游的負責人B商量過了。他答應裝袋工程一週只停工一天就沒問題。

總之，必須先確保至少能賺到與上個月相當的收入。

搬進宿舍以來，我每天都勒緊褲帶過活。

假日宿舍不供餐，這些我都忍下來了。

其他除污員都去外頭吃飯，或是大啖便當，只有我窮到只能靠著一個咖哩麵包度日。之前住在「農家民宿」的時候，假日也有供餐，起碼不會挨餓。

我買了杯麵，還是大老遠跑去便宜超市買的泡麵。假日的時候，我就靠著一杯泡麵度過一整天。

這樣當然吃不飽。

不夠的份，我就去無人的餐廳，用桌上放的美乃滋替泡麵增量。我不在意泡麵的味道，只是拚命地擠出美乃滋，希望能多吃點東西下肚。

我用這種方式努力熬了三個月。

但實在撐不下去了。

我的志氣未消，也做好這樣的生活可能得持續一、兩年的心理準備。

但在堆積如山的表土終於清除完畢時，我爆發了。

那天收工之後，我被上游的B叫走。另一家分包公司的主任也被找來。他叫做L，年紀與我相仿。我之前和他打過招呼，那天是第一次交換名片。

我們約在市內的燒肉店碰面。L開車過來，他說反正住同一棟宿舍，回程時可以順道載我，我便接受了他的好意。

「要喝一杯嗎？」

B比出拿啤酒杯的動作。我光聽就忍不住吞口水。聽說當天B請客，就算喝了酒，還能坐L的車回宿舍，應該沒問題。

「那我就恭敬不如從命了。」

L以駕駛為由，婉拒喝酒。

「我也來喝吧。」B說。

因為是吃到飽，他從剛才便加點了好幾盤牛肋排，還說這是他出生以來頭一次吃牛肋排。我以為他在開玩笑，但是見他不停說著「好吃到不行，這太好吃了」，我不禁相信他應該是第一次吃。

「你的車要怎麼辦？請代駕不便宜啊。」

B從仙台市南邊的八木山本町通勤。這段距離恐怕得花上兩、三萬日圓。

「不用擔心，B自有他的辦法。」

L代為回答。

「衛星旁邊不是有家網咖嗎？你有時會住在那裡對吧。我開車經過時瞄到好幾次了。」

「什麼！為什麼L老弟會知道啊？是啊，我住過那裡。我住的地方很遠嘛。整理資料弄到太晚回不了家時，我就去當網咖難民[4]。」

B叫來店員，點了兩人份的啤酒。啤酒隨即上桌，因牛肋排而油亮的嘴脣一對上杯口，我一口氣就灌下半杯啤酒。

「唉，不行，太好吃了。哇哩，超級好吃！我要吃囉、吞下去囉！」

他把烤得恰到好處的肉放進嘴裡……

「啊～靠，太讚啦！」然後發出吼叫。

氣氛祥和的用餐時光結束後，B摸著鼓脹的肚皮，說出的話頓時令我和

4 專指因各種原因（如欠租、家庭因素等）而無家可歸的人，他們會轉而到二十四小時營業的網咖或漫畫店住宿，延伸表示「沒有固定居住地，長期滯留在網咖的人」。

L臉色一沉。

「兩、三個月就好，可以請兩位的所有組員先專門除草嗎？」

如同我在前面說過的，除草是勞力密集型作業，非常划不來。

「我們工區的除草全做完了。」

L說道。

「我們也是。」

我接話。

「我知道啊。我說的不是你們自家的工區，而是其他公司的工區。」

他的語氣像在說笑，眼神卻無比認真。

「你這是什麼意思？只做除草會慘虧啊。」

L抗議。

「你們已經賺夠本了。」

B答非所問。

「坦白說吧……」

B端正坐姿，道出原委：

「本來憑我們公司的規模，根本接不到S建設的上游包案。這次破例包給我們，是我們以特殊條件爭取來的，這個特殊條件就是幫忙處理其他公司尚未做完的除草工程。我們公司無論如何都需要談成這筆生意，只能吞下這個惡劣條件了。」

B接著說了一堆有的沒的當作藉口，但我已經聽不下去了。

到此為止吧。

這就是我的結論。

下個星期天，我一大早便離開了除污員宿舍。
為了不立刻引起懷疑，我留下行李沒拿走。
身上只帶了一本文庫本，便離開了南相馬市。

〽連這座城市也追趕著我
不如漂亮赴死吧
因為我已全力活過，心中了無牽掛

腦中傳來〈昭和枯萎的芒草〉的歌聲。
不知不覺間，我哼起這首歌。

台灣版後記

這一次，我的作品有幸在台灣出版，我不僅百感交集，也欣喜若狂。因為，我不只能藉此機會讓台灣的朋友讀到我的書，還能以這種方式向各位道謝。

本書的舞台發生在宮城縣石卷市與福島縣南相馬市，兩個區域都在三一一大地震時遭受海嘯嚴重衝擊。我在當地工作的時候，得知有許多居民非常感謝台灣人對日本的幫助。越了解其中的緣由，我自己也對台灣產生了感謝之情。

這份心情迄今不變。

離開災區之後，在正式出道成為作家之前，我四處流轉，做了各式各樣的工作。

最後一份工作是在機場巴士替人搬運行李。

從事機場工作時，我發現有許多觀光客來自台灣。我不會說台灣的語言，只能用電腦存下日本人集資在台灣報紙刊登感謝廣告的圖片，把它大大印在卡片上，每當遇到台灣人，我便遞出卡片，說著我唯一記得的台灣話「多謝、多謝」，深深致謝。

看著台灣人開心地收下卡片，親口表達謝意的我才是最開心的那一個人。容我在此借個版面，再一次大聲說聲「謝謝」。

多謝、台灣

我們永遠都是最好的朋友。

赤松利市

EPIPHANY—002

下級國民 A

日本很美好？我在三一一災區復興最前線，成了遊走工地討生活的人

下級国民 A

作　　者｜赤松利市　　譯　　者｜韓宛庭
主　　編｜林昀彤　　編　　輯｜鄭淑慧・K5 Chen
封面設計｜劉孟宗　　美術設計｜菩薩蠻數位文化有限公司

讀書共和國出版集團

社長｜郭重興
發行人兼出版總監｜曾大福
業務平臺總經理｜李雪麗
業務平臺副總經理｜李復民
實體通路協理｜林詩富
網路暨海外通路協理｜張鑫峰
特販通路協理｜陳綺瑩
印務｜江域平、李孟儒

編輯出版｜遠足文化事業股份有限公司 拾青文化
發　　行｜遠足文化事業股份有限公司
http://www.bookrep.com.tw
23141 新北市新店區民權路 108-2 號 9 樓
電話：(02) 22181417
客服專線：0800-221029 傳真：(02) 86671065
郵撥帳號：19504465　　戶名：遠足文化事業股份有限公司
法律顧問｜華洋法律事務所／蘇文生律師
印　　製｜呈靖彩藝有限公司
初版一刷｜ 2021 年 10 月
定　　價｜ 350 元
I S B N｜ 978-986-06723-5-0

國家圖書館出版品預行編目 (CIP) 資料

下級國民 A：日本很美好？我在三一一災區復興最前線，成了遊走工地討生活的人／赤松利市著；韓宛庭譯 . -- 初版 . -- 新北市：遠足文化事業股份有限公司拾青文化出版：遠足文化事業股份有限公司發行 , 2021.10
面；　公分 . -- (EPIPHANY；2)
譯自：下級国民 A
ISBN 978-986-06723-5-0（平裝）

1. 階級社會 2. 日本

546.1　　110016247